U0044401

# JAY的跑步筆記
## RUNNING NOTES

矽谷工程師激勵上萬人的科學化訓練與生活哲學

許立杰 Jay　　著

# 在終點遇見更好的自己

# 推薦序一

　　跑步的路上，遇到 Jay 是一件很幸運的事。我所感受到的這些幸運，是他作為跑者的那些特質，帶給我、極光、BURN 以及我所認識跑友的感動和改變。Jay 就是有著溫潤而睿智的特質的跑者。

　　記得當初他發給我一個小測試：他在我心目中是怎麼樣的跑者。我立刻想到了，「謙謙君子，溫潤如玉」的句子。Jay 給我的第一印象就是特別有禮貌、說話溫柔的大男孩。好像很大聲的說話，一定會讓他感覺很尷尬。也記得，第一次問他一起長距離，他也是低低的答應並叮囑道：「好，只是不要勉強哦～。」無論是跑友有什麼問題和困惑，他也是柔聲細語的耐心解答。

　　與此同時，Jay 又有一種獨特的睿智，是來自於對跑步有著超越自身年齡和環境的解讀。他對跑步和夢想的追求，有大概接近於完美的沉著和隱忍。對於帶著時間刻度的馬拉松，無

論是年輕氣盛的初學者，還是久經大馬歷練的老司機，總會時不時迷失在追求成績的幻像中而忘記喜歡跑步的初衷。我會這樣，極光偶爾也會這樣。而 Jay 常常會在那樣的時候提醒我們：「嘿，我們是不是要慢一點」，幫我們的衝動煞車。而這些隱忍完全是出於對於馬拉松這樣耐力運動的深刻理解。

《Jay 的跑步筆記》也是透著 Jay 特質的一本書。從他的跑者之路和訓練生活中的點點滴滴，還有他娓娓道來一些訓練日常中的挫折和喜悅，以及激勵更多人跑步的溫言細語，你一定會感受到更多他對跑步獨特的理解。如果你是網路重度使用者，你會記得他曾在網路上發表的文章，如〈一個素人跑者的破三之路〉中的喜悅，〈我用 4800 公里，跟你交換 15 分鐘〉中的感動，以及〈沒有永遠的 PR，這就是馬拉松，這就是人生〉的超脫，那麼《Jay 的跑步筆記》會帶給你更多的驚喜。

如果你現在遇到了《Jay 的跑步筆記》，那麼你也是幸運的。因為，也許正是這些小小的故事，你開始喜歡跑步，或者更喜歡跑步，成為更幸運的人。

# 推薦序二

　　熱愛跑步的人很多，有人每天跑五千一萬米來強身健體，有人能完成亟需毅力的馬拉松，亦不乏有人進軍超馬或越野比賽。堅持跑步的人也很多，有的人十年如一日慢慢耕耘，也有人選擇在一場場比賽中超越自我追求卓越。

　　我是熱愛並堅持跑步十五年的人。我也曾一直覺得跑步是孤獨的逆旅——在山野田間、塑膠跑道上獨自揮汗如雨不斷突破自己創下的每一個紀錄，但我遇到了很大的瓶頸。認識 Jay 之前，我連續一年半鐵的半馬沒有突破 1 小時 21 分，我無奈放棄了職業鐵人生涯。

　　兩年後認識了 Jay，我開始覺得跑步可以不孤單。他和我們的不同是他不僅熱愛並堅持跑步，還透過網路寫作毫無保留的分享他的跑步經驗和心路歷程。在訓練方面，他開導了我很多盲點，最主要的是訓練強度的拿捏。在精神方面，他及苟良接納我成為極光的一員。讀他的文章，讓我覺得可以跑步是件

非常幸福的事，因為被他的熱情感染，我每天出門跑步都不再猶豫。

　　到現在我半鐵裡的半馬可以跑到 1 小時 15 分。從訓練、飲食、作息、受傷復健，到心態調整，Jay 的跑步筆記其實是每個跑者的筆記。不管你是鐵三職業選手或是一位只想完成馬拉松距離的跑者、我推薦偷看幾頁 Jay 的筆記，讓你跑的每一步都更有味道。

# 推薦序三

　　2018 年我參加了芝加哥馬拉松，跑了 3 小時 53 分，以初馬來看好像是一個還不錯的成績。從來沒有想過我的人生會與運動沾上邊，但是當有一天你的枕邊人是一個不跑步腳會癢的跑者，那又是另一番故事了。

　　學生時期的我，幾乎沒上過體育課。因為脊椎側彎的關係，我穿著矯正的背架一路到 18 歲。那段時期不能跑跳、不能做劇烈運動，我總是拿著醫生的診斷證明，跳過所有的體育課。對於任何運動我完全不擅長，更別說有興趣了。

　　還記得剛認識 Jay 的時候，他曾經開玩笑的對我說：「如果有一天世界末日，妳一定是最先死掉的那個，因為妳生存技能超低，既不會游泳，也不會騎車，連跑步都比別人慢。」雖然我那時心想，反正都世界末日了，大部分的人應該都會死，所以先死還是後死應該都沒差吧！

　　如果要問我是怎麼踏上跑步這段旅程，那大概可以從當跑

者眷屬啦啦隊開始說起。在 Jay 開始熱衷跑步之後，幾乎有比賽他都會帶上我，或是讓我在終點迎接他。起初我也是有所不願，要站在外面風吹日曬一兩個小時，有時候還不知道他能不能在預定的時間出現，想到就很折騰。記得有一年的舊金山馬拉松，我到的時候，他已經跑完坐在地上休息了。

　　但是，當啦啦隊讓我有機會探訪很多城市和國家。讓我印象最深的應該是第一個芝加哥馬拉松。還依稀記得當天起跑前，我照著 Jay 給我的位置到達賽道旁。剛到時天才微亮，大道上平坦而空蕩，路邊僅有一些零星的加油觀眾，身旁一片寧靜，大家彷彿都在期待著接下來要發生的事。突然之間，前導車從我眼前開過，接著就看到一群菁英跑者呼嘯而來，他們踏著優美的跑姿、有著精實的身材，超級震撼！除了帥氣的菁英選手外，另一個印象深刻的是很多快要放棄的跑者，會因為你的一句加油一個擊掌，而再度跑起來。剎那間，我覺得加油對我來說好像不再是只幫認識的人打氣，你可以給馬場上任何一個人鼓勵，然後他就能充滿力量的繼續往前。要不是 Jay 不厭其煩的邀請我，我從沒想過有一天能有這些有趣和特別的經驗。

　　然而，要讓一個從不愛運動的人開始跑步，他也是煞費苦心。記得剛開始我每公里只能跑 8、9 分速，最長 2 公里。但

他就這樣陪我跑跑走走好一段時間，直到可以一次跑 10 公里，才放心把我交給跑團的夥伴。有了一定有氧基礎之後，他便開始偷偷幫我報名一些小比賽。

「嘿～我下禮拜要去跑一個半馬喔。」
「好啊！」
「然後妳要跑 5K ！」
「什麼！！」

這樣的對話時常出現在我們生活中。從一開始的 5 公里、10 公里，直到完成第一個半馬。這中間他從來不要求配速，只要不受傷玩得開心就好！在跑過幾個半馬之後，身旁的朋友開始向全馬邁進，偶爾也會慫恿我一起報全馬，然而，他總在旁邊悠悠的說：「如果妳一個禮拜跑不到一個全馬距離，那就別想了。」因為他的不斷恐嚇，所以在承諾可以提高跑量之前，我都是歡樂的週末跑者。

他就是那種如果你想要做一件事，那就把它做到最好，如果你還沒準備好，那也不用心急。

就這樣循序漸進，直到我覺得自己準備好可以跑全馬之後，他才開始給我課表，陪我一起訓練，最後完成一個馬拉松。

因為他的耐心和不躁進，在這過程中，我從來不覺得有任何勉強，取而代之的是好像越來越喜歡跑步。

　　對我而言，他就像一位心靈導師，在你覺得沒有自信的時候，給你很多鼓勵和稱讚，但同時也能理性的分析事情，告訴你不用心急，終點就在那，走快走慢都沒關係，因為你已經在這路上成為更好的自己。

# 自序

　　《Jay 的跑步筆記》應該可以說是我這六年來，圍繞著跑步發生故事的縮時攝影。我本身就是一個很常寫文章發表的人，而在一心文化與我聯絡以前，我就已經在網路上發佈過許多訓練、賽事、生活相關的內容。

　　我當時覺得要出版書籍就是把這些既有的篇章集結起來而已，但事情遠遠比我想像中複雜且繁重。有很多篇幅太長的文章必須重寫，又有些過時的內容要更新，更有時代久遠的文章讀起來雖然很有喜感，可是又十分生澀。

　　書籍的脈絡是由編輯與我共同決定的，我們把流水帳似的時間序打亂，取而代之的是以相同概念為主題累積成篇、於是有了〈成為跑者之路〉、〈跑步也是生活的一種方式〉、〈Beat Yesterday, Beat YesterJay〉，等三大章屬於 Running Life 的內容；後半的〈除了雙腿，這些也很重要……〉、〈開始訓練吧！〉、〈你越自律，就能跑越遠〉，則是直接了當的 Running Training 跑步訓練的內容。

　　這樣把感性的生活，與理性的訓練劃線切開的方式，其實就是我們市民跑者每一天、甚至每一刻面對生命的樣貌。我們要非常理性面對訓練的課表，不能輕易讓情感覆蓋了理智，要

做出正確的決定。但偏偏跑步也不只是算數學，有時候也會有感性大過理性，進而造成出乎意料的火花。我無法割捨掉其中的哪一個面向，正如我們都需要理性與感性互相牽制與平衡。

　　跑步雖然終究是自己的事，但對我來說，它並不僅屬於一個人的事。無論是身旁的夥伴、賽道上的競爭對手、還是場邊觀眾、乃至於在身後支持著每一位跑者的家屬們，都構成了跑步之所以迷人的要素。我不想要寫出一篇個人傳記性質的書，而更希望這本書中提到的每個故事、甚至是每個觀念，在讀者的心中都能產生共鳴，並可以反映出某個你身邊的人。

　　我很感謝一心文化提供了這個機會，並且給予了我很高的自由度。當我讀著最後完成的作品，彷彿不再只是看著自己的過去，而會覺得這些故事是屬於所有人的。

　　謝謝我的家人在跑步及生活給我的支持，謝謝我的訓練夥伴一直以來的相信，最後謝謝每一個期待這本書出版的聲音。無論是間接或者直接，它讓我完成了一件不在人生藍圖上的事。就像是跑步一樣，我不曾預期它改變我如此之大，但這一切的過程，都僅僅是因為我踏出了第一步，而之後發生的每一件事，都是生命最好的安排。

　　希望每個閱讀這本書的人，都能在書裡的某個地方找到自己。如果能有某個人因為這樣而喜歡上跑步，對我來說就是最大的肯定了。

# PART 1
# RUNNING LIFE

# PART 2
# RUNNING TRAINING

PART 1 跑步生活
# RUNNING LIFE

CHAPTER 1

# 成為跑者之路

給自己一個改變的機會，
不是明天，更不要等到以後，
就是現在，跑起來吧！

# 1

## 一開始只是
## 跑興趣的

RUNNING LIFE

　　如果你是抱著「想看馬拉松選手訓練秘笈」的心情翻開這本書，那恐怕要失望了。因為就如同多數正在閱讀這本書的你一樣，我一開始就只是跑著玩的。

　　第一次參加路跑賽，是退伍後跟幾位大學同學一起報名了在台北的亞瑟士路跑，地點在仁愛路上，距離還是很令人納悶的 9 公里，最終跑了 65 分鐘。那時候對成績也沒有什麼想法，只覺得人生第一次跑了這麼長的距離非常高興。活動結束後一行人帶著一身臭汗去信義區的電影院，印象中我們睡成了一片，因為在台北的路跑比賽，總是太早起。

　　隔年離開台灣來到美國匹茲堡求學，它是個在賓州西部的中型城市，曾以「世界鋼都」聞名於世，但在鋼鐵業淡出後，城市也隨之蕭條，近期則是轉往醫療、金融，還有以兩所研究型大學：卡內基梅隆大學、匹茲堡大學為主體的高科技產業。

　　不過老實說，這些都是我離開匹茲堡才知道的事。初來乍到，我只覺得這地方跟想像中的美國很不一樣，街上不是老人家

就是小孩，而能看到的年輕人，絕大多數都是外地來的學生。我仍清晰記得開學時教授開的玩笑：「你們別期待在匹茲堡有什麼好玩的，就好好讀書吧。」

後來才發現一點都不好笑。

在卡內基梅隆大學念書的壓力確實很大，來自中國、印度、南美、以及世界各地的留學生們，每個都像是來拚命的。在這種氛圍下，要找個人聊個天、打場球都難，於是我僅存的休閒活動，就只剩下了跑步，因為跑步是種不需要別人陪，也能夠自己抽空練習的運動。

臨近畢業時，作為給自己的畢業禮物，我報名了一場馬拉松，心想著這可能是我唯一一場馬拉松了，當時沒有人告訴我，這是個糟糕的主意。比賽當天，我因為前晚太過緊張而睡過頭，抵達起跑線時早已鳴槍起跑，但工作人員還是很好心的讓我從隊伍的最尾端溜進去。

比賽的過程就如同每個參加初馬的跑者一樣苦不堪言，但當我首次跨過了馬拉松的終點線，雖然疲憊無比、雙腿抖到幾乎不能走，臉上卻掛著大大的笑容。「也許，我還會再跑下一個馬拉松。」我這麼對自己說。

畢業後因為工作的緣故，搬到了舊金山南邊的灣區，也就是俗稱的矽谷。這裡的天氣很好，夏季高溫雖然會有攝氏 30 多度，不過清晨起床時鮮少超過 20 度，冬季最冷約是攝氏 5 度，而且不常下雨，戶外活動尤為盛行。

這時候的我，就是把跑步當作興趣來經營。猶記得第一次月跑量突破 200 公里，還興奮的發了一篇文慶祝，因為跟同學們比起來，我已經是所有出社會的朋友中，最辛勤跑步的了。

在 2014 年的 7 月，我參加了舊金山馬拉松，跑了 3 小時 51 分首度全馬破四。伴隨著朋友、家人們的恭喜和欽佩的讚賞，我真以為自己做了一件很了不起的事。同年的 12 月，我在加州首府沙加緬度跑了加州國際馬拉松，成績再度突破至 3 小時 39 分。此時我覺得馬拉松人生已經提前抵達了巔峰，而無法再進步下去了。

直到發生了某一件事，徹底改變了我接下來五年的跑步生涯，甚至還改變了我的人生。

現在是 2019 年，我已經完成了 23 場馬拉松，包含了紐約、芝加哥、東京，以及跑者的夢想之地波士頓，最佳成績更是進步了到 2 小時 38 分，甚至要出版第一本書。我無法預料這發生，但一切的開始，僅僅因為我跨出了第一步。

現在，跑步對現在我來說，不僅僅是運動和興趣，更是種生活。

　　以往的我，曾經羨慕別人身材好，但手上的雞排手搖杯捨不得放；羨慕別人能有體力上山下海，每個週末卻不甘離開電視機；羨慕別人能夠早睡早起，每到睡前卻是能拖一秒是一秒、從沙發爬到床上、從筆電換成 iPad、從 iPad 又到手機，然後清晨鬧鈴扯破了嗓子仍恍若無聞。於是，一天又過去了，又一天、再一天。

　　轉念往往就在一瞬之間，究竟是如何將跑步真切的變成生活中的一部分，我已不記得那個覺醒時刻的時間點。或者就僅是很簡單的套上一雙運動鞋、穿上運動褲，找個離家最近的操場或河濱，或走或跑 30 分鐘，跟自己打賭不要輕易回頭。隔了兩天、再來一次、再隔兩天、再一次。

　　跑步終究會遇到瓶頸，就跟人生的所有事情一樣，現實生活五花八門的挑戰，堅持下去，總有一天你會跨過。跑步的人不見得都很能成功，但是日復一日克服惰性，在一樣的時間要求自己做一樣的事，其實就是種修行。學會了不要輕言放棄，就像每個人天分有高有低，先左腳再右腳，無論快慢，總有一天會到達終點。

如果要給新手一點跑步的建議的話，我會說，別把目標訂太高，不切實際的計畫會把自己嚇壞，先從簡單的來：

1. 挑雙合適的運動鞋、出門跑個 30 分鐘，跑不了全程就用走的，不須在意速度跟距離。

2. 慢慢增加運動天數，從一週兩天開始、每兩週再增加一天。

3. 每週能跑個五天，持續一兩個月，其中一兩天就可以拉長時間，增加一點距離變化。

4. 設一個合理的目標，無論是累積天數、每月距離、或總和時間，你也可以報名一場比賽。

5. 堅持訓練，每個月回顧自己的成長、欣賞自己小小的進步，發現自己遠比想像中要強。

6. 跟別人分享你的進步，一旦這麼做個幾次，開始會有很多人幫忙督促你，最後被你說服。

當你很專注在把這些事情做好，發現人生的路會隨著跑步的路越來越寬廣，健康的身體甚至只是副產品，而正面生活的態度，在不知不覺中會影響身邊的很多人，同學朋友家人，包含年紀漸長的父母親，偶爾會透露著笑意問你：「下一次跑什麼？」

每個人的一天都是 24 小時，你可以決定把時間用在哪裡。無腦放空不會讓你比較輕鬆，而出門運動流點汗往往還能讓你比較好過。當然，並非跑了步難題就不見了，恰恰相反，反正難題始終就在那，不如分泌一些腦內啡、集中思緒再來對付它。

　　操場上、河堤邊、甚至每個比賽的賽場，總是會有跑得比你更快的大哥、大姊，甚至是阿伯、阿姨，這真的說明了：人不是因為老了所以跑不動，而是因為不跑了所以變老。

　　跑步生活到最後，感覺最好的就是：即使你人不在跑步、心也在跑步的路上。無論你是跑步為了吃飯，還是吃飯為了跑步。起床、跑步、吃飯、睡覺，聽起來都很簡單，但是簡單的事情一直做，做久了就很不簡單。

　　跑步是種修行，而修行的目的不是為了遇見神佛，而是為了遇見更好的自己。當你打從心底給了自己承諾，那個當下，你就已是更好的自己。不是明天、不是以後，就是現在，跑起來吧！

　　雖然我不能告訴你「馬拉松選手的訓練秘笈」是什麼，但我可以告訴你，一個市民跑者的跑步生活。

我也曾經有過滿身菜味的時期。一開始我真的是跑著玩，到後來才把跑步變成生活的一部分。
〈2012 年 7 月，陽明山越野路跑，21KM〉

# 2 從一個人跑到一群人跑

RUNNING LIFE

　　數年前，我開始每天跑步發文章，有些朋友覺得煩：「跑步這麼簡單的事，有甚麼好大聲張揚」。他們聊工作、聊投資、聊美食美酒、聊享受生活。

　　過了一段時間，我理解了什麼是「相同羽毛的鳥喜歡聚集在一起」，很快就找到了其他的群體，鼓勵我發文、互相勉勵每一次的進步、彼此關心每一次的傷痛低潮，而且我們一樣聊工作、聊投資、聊美食美酒、聊享受生活，只是在跑步中聊。這期間的轉變，就是因為我加入了 BURN 跑團，也遇見了苟良和蕭昱，組成了「極光三兄弟」。

　　BURN 的英文名字來自幾個單字的縮寫，而其實沒有正式的中文名字，如果真要給，那大概會是「灣區華人長跑俱樂部」。我之所以會加入 BURN 與上一篇提到的 2014 年加州國際馬拉松息息相關，那場比賽我跑了 3 小時 39 分，情緒是有點兩難的，一者是覺得自己的表現已經是朋友圈中最好的了，但同時我看著過去的訓練紀錄、又看看未來的比賽規劃，我突

然間不知道自己該往哪走了。

有天在公司，一位華人同事跟我說，你知不知道灣區有個華人跑步社團，裡面有三十幾個跑過波士頓馬拉松？我一聽，覺得她在開玩笑。

波士頓馬拉松，又稱為「市民跑者的奧林匹克」，是世界上名氣最響、同時也是報名資格最難的比賽之一。除了少部分的慈善捐款、公關贊助名額以外，波士頓馬拉松的大部分跑者必須透過繳交合格成績，才能報名並且參賽。而這個成績對於一般市民跑者來說，簡直難以企及。舉例來說，以當時 26 歲的我，全馬必須跑進 3 小時 5 分才能取得報名資格。而我跑出 3 小時 39 分已經覺得自己逼近了極限。

「介紹給我認識吧！」我當下央求。「本來就是這麼打算的。」她笑道。

那個週末，我參加了 BURN 的固定團跑。團跑冬令時間是早晨七點，我因為找停車位遲到了 5 分鐘，急急忙忙趕到時，一個人都沒有。我想說是不是自己搞錯了，當下發慌就往前跑，跑到一個岔路口不知道該往哪裡拐，這個步道我是第一次來。

「是 Jay 嗎？」一個陌生的聲音從步道旁傳來。

「是，你們是 BURN 嗎？」

「對，朋友有交代你會來，大部分人往左邊跑去了，你現

在去還能趕上。」

　　我遲到了幾分鐘，而這群「認真的跑者」一分鐘都不等，七點就準時出發。我快馬加鞭趕了十多分鐘，總算從後頭慢慢追上大集團，才發現一個個跑者都是步伐輕鬆、神情愉快，但配速是絲毫不放水的 5 分速。我當下感到一陣心安：應該是來對地方了。


　　BURN 不只每週末有團跑，更在每個馬拉松賽季都舉辦對內的講座，對象就是剛接觸馬拉松的新手。當時參加了講座，對我來說是截然不同的經驗，在那邊我才開始了解：什麼是週期化訓練、如何在基礎期打底、速度訓練佔總訓練量的百分比、長跑訓練的訣竅等。某種程度上，因為大家都說著一樣的語言、有著相似的文化，所以交談起來也格外容易。這也促成了我在這不久的將來，就開始著手把國外的馬拉松訓練文章翻譯給台灣跑者。

　　而我加入跑團後，隨著訓練知識的增加，更重要的影響應該是找到能一起跑步的夥伴。我的週末長跑從總是一個人跑、到每次都有人陪跑，除了心理上的支持以外，對於配速的掌握、強度的控制，乃至於補給的運用等等，對我來說都是爆發性的成長。在訓練了四個月之後，我參加了個人第七場全馬比賽、

也是開始正規訓練的第一場：2015 年 8 月的聖塔羅莎馬拉松。

　　參加比賽之前，我對於自己近期的訓練成果還滿沒有底的。累積跑量、配合每週二到三次強度訓練的週期化課表，跟以往總是日復一日跑著相似課表的訓練模式非常不一樣。我賽前訂了一個比較大膽的目標，大約在 3 小時 20 分左右，足足比前一場比賽快了 19 分鐘。沒想到我前半馬很順利的以 1:39:30 完成，正當我害怕後半馬會像以往一樣開始撞牆、崩潰時，神奇的事發生了——我非但沒有撞牆，反而還能加速！後半馬我跑了一個非常誇張的成績 1:37:43，以後半馬比前半馬快 2 分鐘之姿，總時間 3 小時 17 分強勢抵達終點，我簡直無法置信！

　　經過了這次的經驗，我不只對週期化訓練產生信心，並且對於未來的想像，也有了更大膽、更明確的方向：「我的目標是波士頓馬拉松！」

　　從一個初馬 4 小時 49 分、拚了命只能跑到 3 小時 39 分，到經過四個月的訓練，進步了 22 分鐘，並且正式把目標設在波士頓，其中的轉變，歸因在我遇見了對的人。BURN 跑團中 99% 的人都來自一般家庭，也就是沒有經過專業訓練、有份正職工作、因為各種原因開始跑步的市民跑者。其中有工程師、有會計師、教授、更有孩子們的爸爸媽媽。然而當我脫口而出說「我想跑波士頓」時，沒有任何一個人覺得荒唐。

「想跑就去跑啊！」他們對於新手跑者的鼓勵是在無形之中，而且由於大家相似的背景，更能體諒與理解市民跑者訓練與生活、家庭協調上難處。我最期待的總是週末長跑後，大家各自從家裡帶去的美食，可能是自家種的果子、烘焙的麵包、或總有人會煮上一鍋蓮子銀耳湯，與其說是個跑團，我們更像是家人。而在大家推薦下，我買了一本《漢森馬拉松訓練法》（*Hansons Marathon Method*）馬拉松訓練書籍開始研讀，不懂的就向其他人討教。

聖塔羅莎馬結束後，休息了一週左右的時間，之後馬不停蹄的進入第二個訓練週期。入秋後隨著天氣變涼，我的里程不斷累積，速度也不停有突破。此時我也跟著 BURN 跑團的規劃，在同年 12 月再次去挑戰那場我去年跑了 3 小時 39 分的加州國際馬拉松。

此時我每週練三個質量訓練，而月平均大約是 400 公里左右。這跑量說高不算特別高，但如果以一週三次高質量訓練來說，強度也算不小了。為了達到這樣的質跟量，每週都得投入六天、十個小時左右的訓練時間，尤其這年加州冬天相較往年冷，入冬之後的訓練一般都在天未亮、攝氏不到 5 度的環境下進行，常常跑著跑著都搞不清楚掛在臉上的是汗還是鼻涕……

從 2015 年初起算，在我加入跑團七個多月，經歷了兩次為期 15 週的週期、累積了 2500 公里里程後，我再一次來到沙加緬度加州國際馬拉松的起跑線上。

　　當天依舊是偏冷、起點約是 5 度還下了一點毛毛雨。我脫下了禦寒的外衣，微微發抖、動身往起跑線移動。相較於去年是一個人獨自來到這裡，今年我身上穿了 BURN 的紅底白字背心，周圍密密麻麻的跑者裡，藏有數十個跟我一樣穿著打扮的隊友。

　　面對熟悉的賽道、寒冷的天氣，我突然有股強烈的預感：今天會有大事發生。最後，我又被自己驚艷了一次！跑出了賽前完全沒有設想到的好成績。

　　加入跑團並找到「相同羽毛的人」徹底改變了我整個跑步的歷程。如果你也覺得獨自跑很容易感到迷惘或者停滯，試著找個志同道合的夥伴，會讓這個過程更順利。

BURN 跑團的大家庭，顯眼的紅底白字背心是我們的標誌。大家不僅會一起訓練，也會一起安排參加賽事，我很常在賽事中穿著跑團背心，在人群中遇到跑團的人是一種精神上的激勵。

我們有個可愛的群組名稱：極光三兄弟。跑團中我們三個人最常一起訓練，左起是三弟蕭昱，中間是大哥苟良，右邊是老二，我，Jay。能夠遇到志同道合的人一起訓練、一起成長，是最棒的事了。

# 3

RUNNING LIFE

## 聽身體的聲音，
## 安排合理的訓練

　　當兵的人都聽過一句話：合理的是訓練，不合理的是磨練。

　　我生平第一次跑超過 3 公里，正是在台中成功嶺的新訓中心。一年的義務役役期，那套所謂「進去是男孩，出來變男人」的鋼鐵教育，無疑是對我剛起步的跑步生涯造成了不小的影響。剛開始跑步時，我總是設定一個目標，比方說 3 公里跑 15 分鐘，那下次訓練時，3 公里我就要跑進 14 分 30 秒，總而言之不能比上次慢。當時的想法很單純：如果不能一次跑得比一次快，我就是沒有在進步、就是在原地踏步。

　　這種如同少年漫畫般的劇情，起初是很熱血沒錯，每週、甚至每天都你都覺得自己在進步，看著成長曲線、一度以為自己是百年難得的跑步天才。然而，現實永遠不如漫畫中美好，我不是百年一見的跑步天才，跟大家一樣，我也是個平凡人。

　　進步的曲線終究會趨緩，再過一陣子，雙腿開始疲勞、肌肉開始發痠，理智上覺得自己不該繼續，可是毫無來由的自尊心，又強迫自己挑戰更快更遠的距離。「累一點沒關係、苦一

點是磨練嘛！」我不斷這麼告訴自己，最後繃緊的弦終於斷了，看著自己受傷的雙腿，問蒼天為什麼？

實情是，即使你確實一直有進步，但身體對於疲勞的恢復也需要時間。如果今天跑了個強度很高的訓練，那就預期身體會花兩三天的時間來恢復。如果你等不了兩三天就急著出門，又進行下一次的高強度訓練，那多半只有兩種下場：第一，身體感覺疲倦，完全跑不出節奏，最後訓練效果奇差。第二，你咬牙訓練了，卻熬不過疲勞累積、肌肉開始產生代償、姿勢扭曲，最後就受傷了。

前者還好，就是訓練沒有到位而已，但如果很不幸的進了傷兵名單，運氣不好就是一兩個月後才能回來。可是很抱歉，耐力運動如果中止訓練一個月，大概要花兩倍的時間才能練回來……。不練習就不會進步、練習了又怕受傷，所以到底是哪裡出了問題？練習自然沒有錯，但其中最關鍵的是：你不能每次都用全力。這句話乍聽之下有點不合理。很多新手常常會有這樣的疑問：練習不用全力，那難道到比賽，我就跑得快？

這關係到課表細節的設計和原理，你就先姑且聽之吧，更詳細的內容可以看書中的訓練文章。一個好的訓練計畫是包含很多層次的，就光是跑步訓練的種類，粗淺就可分成四種：輕鬆跑、間歇跑、配速跑、長跑。每項練習有它的目的。間歇跑練最

大攝氧量及跑步經濟性、配速跑練乳酸閾值及配速的穩定、長跑練抗疲勞及能量運用、至於最容易被忽略的輕鬆跑，則是基礎有氧能力的累積。強如 100 公尺的世界冠軍，無論肌肉力量或者跑步經濟性都是世界頂尖，但如果沒經過妥善的訓練就要求去跑一場馬拉松，下場一定是慘不忍睹，甚至有可能跑不完。

當時處於新手時期的我，錯誤就是從來不跑輕鬆跑。

每一次練習，不管是 5 公里、10 公里、還是 30 公里，我往往全力以赴。跑得順暢的時候覺得自己很風光，可是疲勞的時候不僅速度沒有達標，還總是又累又痛、拖著腿回家。那時我的長跑是週日，而跑完跟太太一起去市集買菜是固定行程。記得連續幾個週日，無論當天練習狀況好或壞，我都是一拐一拐著去市場買菜，覺得自己這樣才「有練到」。

長久下來，練習質量越來越差，成績遲遲無法突破，更糟糕的是身體開始出現大大小小的傷，每一次的練習都不知道能否順利存活下來。

真正的震撼教育還是某次團練的時候。那時候有個全馬 3 小時 5 分的前輩要練 30 公里，配速 5 分整。我那天的計畫是 21 公里，想了想 5 分速我勉強可以，於是我全程跟著那個前輩跑，意外的跑得很不錯，還有點沾沾自喜。直到跑了 18 公里，

我覺得速度實在跟不上了，很不好意思的說：「請你先跑吧，不要等我。」他回頭張望，問了兩次：「你確定嗎？」然後一口氣絕塵而去……我才知道他其實一直在等我。

看出問題了嗎？30 公里 5 分速對他來說是留有餘力的長跑、但對我來說是百分之百的努力。正常訓練的他，跑完的隔天還可以繼續恢復跑，而把訓練當成比賽的我，卻起碼要休息三天。最後我們差距拉大不在於那天的長跑我慢了他幾秒，而是我整整少練了他三天。

幾次經驗下來，我也是學中做、做中學，慢慢體會了「放慢腳步」的重要。**計畫是死的，而人是活的，訓練的重點是達到合理的訓練強度，而不是每一次都要打敗前一次的自己。**

昨天加班太累了？那今天改成輕鬆跑吧；最近有點小感冒？那配速就稍微降一些吧。身體有點小傷痛的訊號？那就趕快處理，休息或者看醫生。這並不是說你可以一直跳過課表，而是該放手的時候就要放手，理性要大於感性。不然你不知道咬牙堅持下去，賠掉的會是明天的訓練計畫，還是接下來一週的？甚至之後兩個月、半年的。

我們市民跑者畢竟不是專業選手，雖然我們可以向他們學習、希望往那個方向邁進。但選手有專業的教練、防護員、甚至是飲食管理，他們知道什麼樣的訓練是痛苦而合理，而我們常常誤會，以為痛苦才是合理。在這種前提下，我始終覺得**對**

對於市民跑者而言，最重要的是「持續與累積」。懂得避免過度激烈的單一訓練、以合理的方式增加跑量，稍微放慢腳步，傾聽身體的聲音。

**於市民跑者而言，最重要的不是你的訓練質量、也不是你的跑量多高，而是最簡單的一句話：「持續與累積」。**

當你把一切的重心都放在「持續與累積」上，你會開始嘗試避免過度激烈的單一訓練、也會試著以合理的方式慢慢增加跑量；你更會允許自己在需要的時刻，稍微放慢腳步、甚至停下腳步，傾聽身體的聲音。

我曾經也是個大小傷勢不斷的跑者。這幾年來改變了訓練模式，小傷偶爾還是有，但總能避免嚴重、需要休息超過兩週的傷病。最大的原因，就是我把目標放在長期，把重心放在「持續與累積」。

合理與不合理的訓練其實也總在一線之間，如何能把握好關鍵的那條界線，就是「平凡跑者」與「好跑者」的差距。我能理解初學者剛開始訓練時，那條線你總是拿捏不準，就像我當時無法辨認膝蓋的痠跟痛是兩種截然不同的感覺，而忽視了身體不斷傳來的警訊。

這點必須透過訓練知識與經驗的累積，並且搭配外在的輔助，例如現在很多人用的心率監控，也可以作為輔助的道具。不過最關鍵的還是你要忠實記錄每一次訓練後的感受，因為每個人都是獨立的個體，你不應該跟別人比，但一定要跟自己比。

「為什麼他月跑量 200 就可以跑 SUB 330 ？」

「為什麼他間歇跑這麼快不會受傷？」

這類型的問題，說穿了就是天分，無論是基因天生就是比較適合跑步、還是因為後天在其他項目的付出，造就了更強壯的體格。每個人的跑步歷程，就與每個人的人生一樣，都有各自的條件和旁人無法解的難題，不過相信我，百分之九十九的我們呀，既不是最幸運的、也不會是最不幸的。

多數的我們，即使進步幅度不大，但日復一日做著一樣的事，經年累月下來，終究會比原先的自己再好上一點點，你自己比誰都清楚。

這不就好了嗎？

如果你目標是成為賽場上的 0.1%，那會很辛苦，畢竟你要打敗其他 99.9% 與你同樣想法的人。但如果你的目標只是為了成為更好的自己，那你的對手就只有一個。對我來說，跑步的目的終究不是為了要擊敗誰，只是為了在努力和堅持過後，看到一個更好、更強壯、更美麗的自己。

欣賞別人優秀的，別人跑得好又比你快，那就要打從心底讚賞他；珍惜自己現有的，不要輕視自己的努力，也不要小看微小的成就；放眼未來想做的，立定一個理想的目標，用一輩子的時間去達成。與其在意「他可以，我為什麼不行？」還不如把重心放在自己身上，反正終點始終在那裡，無論快一點或慢一點，走久了都會到。

# 4

RUNNING LIFE

## 成功破三，
## 波士頓馬拉松入場券

有一句話說：「以多數人的努力程度，根本談不上拚天分」。曾經我以為波士頓馬拉松得是萬中選一的跑步天才，才有資格踏進的聖殿。而如今我依舊覺得那是個很神奇的地方，但我發現周圍去過波馬的朋友，即便少數的人真的有點天分，但沒有一個不努力。

2015 年 12 月凌晨三點半，我在沙加緬度市中心的飯店醒來，外頭還是漆黑一片。身旁的太太依舊熟睡，我開了小檯燈，安安靜靜吃了自己帶來的麵包、蘋果、穀物棒、再喝了旅館的黑咖啡。四點半著好裝，下樓跟 BURN 的其他跑友會合。

大家看見我，興沖沖的問：「你今天打算跑什麼目標？」

「前半馬 1 小時 31 分，後半馬看情況發揮」，我打算試試 3 小時 2 分完賽，我說的是實話。

直到一個月前，我都還是以 3 小時 8 分為目標在練習，只是幾次配速跑下來，往往覺得自己都能跑得比預想得還快上不少，後來才漸漸調快了目標。15 週的訓練，如果真能從 3 小時

17 分能進步到 3 小時 2 分，對我來說早已超過預期。

　　月色之中，一輛一輛亮黃色的校車巴士閃著大燈從黑暗中駛來。美國的馬拉松比賽如果起終點不同，通常主辦單位會安排接送，而使用的交通工具，就是這種你會在電影中看到的校車巴士。校車巴士都有點年紀了，有點中古的感覺，因為多半是給小學和中學生坐的，座位並不大。常常我坐到座位上，腰得直挺挺的，膝蓋還會抵到前座的椅背。

　　受到比賽氛圍的感染，巴士裡的跑者們嘰嘰喳喳的聊著天。我在賽前習慣自己靜一靜，遂往冰涼的窗上一靠，閉著眼睛、默數著自己的心跳，怦……怦……怦……離開賽還有一個小時，心跳已經升到 70 多（平時心率是 50），儘管臉上表情淡定，但還是免不了緊張。校車巴士開了 40 分鐘總算到了起點的停車場，我們魚貫下了車，跟著前面的人潮走，最後加入了一條排廁所的隊伍，好不容易上完洗手間，已是賽前 10 分鐘了。

　　擠到起跑線上時，眼前黑壓壓一片人潮。我只能勉強卡到 3 小時 10 分的配速員後面，目光所及沒有看到半個認識的跑友在附近，想著也許等人潮散開，就會見到了吧。當心跳上升到 100 左右時，槍響了。

　　3 小時 10 分的集團雖然前進速度偏慢，但記得前輩總跟我

說，前 3 公里寧可跑慢也絕不能跑快的心態，我也順其自然當作熱身了。這時大約是攝氏 5 度，有一點微風，天空才剛開始亮起來。突然下了一陣雨，冰冰涼涼的，跑者不免一陣嘀咕，但沒有人慢下腳步，賽道上只聽得見沙沙的腳步聲。這個形象有點像趕往戰場的行軍，唯一的區別是，我們這些大兵已經在戰場上了。

跟著配速集團到 3 公里左右，覺得周圍人實在太多，空氣悶之外又覺得施展不開，於是提起一口氣，快步繞到配速員前面超越了集團，突然一陣海闊天空，人起碼少了一半！

10 公里，吃了第一個能量膠；20 公里，吃了第二個能量膠；21 公里，半馬時間顯示 01:30:57（4:18/KM）。這時候就有意思了。

跑完了半馬，正好是預期的 1 小時 31 分。如果我持續順利的卡在 4:18 的配速，可望 3 小時 2 分完賽，這樣我就會穩穩波馬合格（cutoff 3 分鐘）；但若後半能提升到 4:12 那破三就有望。如果我沒記錯，這場比賽的後半馬應該是比前半馬平坦的，心中的天使與惡魔在角力。

「這麼好的天氣呀，這麼好的賽道呀！」此時不拚，是不是又要再等半年後再來？萬事俱備只欠東風了。說了你還不信，這個賽道從起點佛森市跑向終點沙加緬度是一條由東向西

的路線，老天爺竟在此時幫了跑者一把，吹起了徐徐的東風……這陣東風也吹起了我的信心，速度慢慢提升到 4:15，在 22 公里處，一位 BURN 跑友從後面追趕上來，步伐還比我穩健，顯然狀況極佳。我趕緊把握了這天賜良機，大聲喊道：「你跑前面吧，我試著咬著你」。語畢，速度拉升到 4:12，心跳也隨之上升到將近 170，而我心知肚明，這個心跳我是撐不了多久的，但也沒有選擇，只能撐著了吧。

30 公里，吃了第三個能量膠；36 公里，吃了最後一個能量膠；雙腳開始明顯產生了疲憊感，這跟上次聖塔羅莎馬越跑越強的感覺不同，我現在真的是必須全力集中心智，才能維持住跑姿。一般馬拉松比賽到這時候，很多跑者會開始撞牆、掉速，但加州國際馬拉松不愧是擁有 20% 波馬合格率的高水準比賽，我的附近也都是目標 SUB 3 的跑者，竟沒幾個人掉速，甚至還有人在加速。

我想起了賽前看的馬拉松教戰守則，裡頭說這時候掉速的人，都是長跑練得不夠，我們要從容經過他們身邊，大喊一聲「加油！」然後超過他；我雖然超不過半個人，但也嚴正拒絕任何人跟我說「加油」！最後 3 公里，我知道剩下的就是意志的戰鬥了，只好不斷告訴自己「每個人都跟我一樣痛苦，不可以停下來！」剩下 1 公里，再努力一下下就快到了，應該可以

的吧？正當這麼想，旁邊一位跑者停了下來，蹲在路邊不斷嘔吐。好可惜，就差這麼一點點了，他一定很想破三吧？不對，我沒時間為別人覺得可惜了。最後 500 公尺，只剩最後的直線再加上一個轉彎。我瞄了一眼手錶，總時間來到 2 小時 58 分，雙腿已經充血通紅，我不顧身體所有求救的訊號，不斷加速、不斷衝刺、祈禱不要抽筋，拜託了！最後的轉彎前，我超過了另外兩個穿著紅色隊服的朋友，向他們一個個大喊聲「加油！」頭也不回，衝過了衝點線。

**02:59:39。**

我怒吼、振臂歡呼，同時眼眶還含著淚。破三，意味著我超越波馬合格標準線達 5 分鐘，毫無懸念獲得 2017 年波士頓馬拉松的入場券。那個一度怕說出來會被笑、只敢放在心底的夢想，那個「想要成為所有朋友裡，第一個跑進波士頓」的夢想……居然成真了！

想做就去做，有夢就去追。波士頓是美夢成真的地方，而一旦開始，你會發現，其實你與獨角獸的距離……真的沒有那麼遠。2017 年，我真的成了波馬跑者了。

2016 年返台參加台北馬，賽後與波馬合格跑友聚餐，現場彷彿網友見面會。

# 5

## I did it my way

RUNNING LIFE

　　世界六大馬（波士頓、紐約、芝加哥、倫敦、柏林、東京），除了波士頓，倫敦算是入手門檻最高的一個。號稱是世界最大的單一慈善募款活動，倫敦馬拉松的舉辦理念是以公益為主軸，造就了它只有少數的名額開放給一般大眾抽籤，這幾年來中籤率甚至低到百分之四上下。所以想要參加倫敦馬、特別是世界六大馬六缺一的跑者，幾乎沒有選擇只能走慈善捐款一途。這個管道要透過寫申請企劃與各個有名額的慈善單位個別申請，審核通過後募資 2000 ～ 4000 英鎊不等。而募款的金額，雖然鼓勵應由跑者向親朋好友募款而來，同時幫忙慈善單位曝光並宣傳理念，不過很多跑友到了繳款期限的最後，自掏腰包付清的也不在少數。

　　有人批評這是主辦單位斂財、也有人質疑馬拉松什麼時候變成這麼高貴的活動？「花大錢跑馬」這件事到底值不值得，還是如此一來，便喪失了跑步的初心？在回答這個問題以前，我們不妨回想一下「跑步的初心」到底是什麼？

常聽人說「不要忘記自己跑步的初心」，通常是指要謹記自己開始跑步的緣由、不要一味追著別人的腳步，最後忘記自己的起點。簡單一句話就是：你是為什麼才開始跑步的？

　　最常聽到的理由大概是為了健康，無論是減肥還是中年發福患了三高；也有不少人是為了拓展生活圈、結交新朋友；近年更是有很多人一開始跑步，目標就直接設定在六大馬，跑旅結合是人生一大樂事。

　　但是除了這些看似比較正面的原因外，也有很多人一開始是帶著悲傷或者壓力而開始跑步的。我有個朋友是因為感情遭遇了變故，想轉換一下心情才強迫自己動了起來，「失戀」是他開始跑步的初心，而這個初心顯然不適合一直放在心底。我的意思是，初心不見得都是那麼好的、且更重要的，初心可以改變。關於我跑步的「初心」，如果你還記得的話（不記得也可以翻回前幾篇看……）你可能找不到吧，因為我壓根就沒有提過，也許我根本就沒有所謂初心。

　　第一次路跑，是跟大學同學一起報名；第一次馬拉松，是想送自己一個畢業禮物；第一次跑進波馬合格標準，是覺得自己可以做得到。說來慚愧呀，我就是這麼糊裡糊塗就跑了起來，而之後發生的事，就像是闖關遊戲一般，度過了一個關卡，下一扇門又在眼前緩緩打開。現在還在跑，是因為我還能跑、而

且我很喜歡跑。**這種能持續喜歡著一件事的心情，對我來說，比記得自己的初心重要太多了。**

　　就像是另一半問你：「你喜歡我哪一點？」你支支吾吾：「我不知道。」她生氣了：「怎麼會不知道呢，總是有特別吸引你的地方吧？」若真的要說出個答案，「不是什麼地方，不是外表也不是內心。妳很可愛，但是容貌會隨著時間改變；妳很開朗，不過個性會隨著經歷而成長；我喜歡妳不是因為妳的什麼，而是現在、此刻的妳，沒有理由。」

　　我不是為了某件事情而開始跑步，就是單純的喜歡，而且正是因為喜歡，所以每個訓練和每次比賽，我不但不辛苦、反而覺得心甘情願。


　　無論是波士頓、倫敦、還是世界的其他地方，你都會看到很多來自各國的跑者。我的忠告是，不要輕易去臆測、評論別人跑步的初心。也許在你不知道的地方，有人就是為了慈善活動而參加了倫敦馬拉松（我相信一定有的），他可能比你付出了五倍、十倍的力氣在為某個兒童癌症的慈善單位募款，而曾痛恨跑步的他，甚至為了這件事特別訓練、並且完成了一場馬拉松。

完成馬拉松的你對世界來說很特別，
你是那特別的 1%。

以往我也覺得倫敦馬拉松很煩人，因為我就是那個六大馬四缺二的跑者（另一個缺的是柏林，不過已經確定可以透過 Time Qulifying 合格了），我又不想花很多錢去拿那塊六大馬獎牌。不過換個方向想，當地的居民肯定也有人很不希望倫敦變成六大馬吧。聖保羅大教堂、滑鐵盧大橋、倫敦眼、大笨鐘、議會大廈，那些倫敦市民天天經過的地方，也有人很不想跟全世界共享吧。

完成六大馬是很多人的夢想。有人說你不只要有錢、還得要有閒，這點我無法否認。但我同時也認識很多人，無論是靠著自己辛苦賺來的經費、仰賴平日辛勤的練習、押上每年少許的年假就是用來跑馬。或者有些人，既沒有錢也沒有訓練，就是上輩子拯救了銀河系，靠著絕佳的手氣，一個個比賽都抽籤抽上了。

參加比賽的方式本來就不只一種，無論是抽籤、合格、旅行社團報還是贊助、只要是官方允許且手段光明，不要造假就好了。反正最後扎扎實實跑完 42.195 公里還是你自己，沒人能替你跑。當你手上握著那面獎牌、披上那件完賽毛巾，所有發生過的一切，只有你自己最清楚了。世上跑者百百種，不管你是要當只靠成績合格的六大馬跑者、還是願意做慈善募款；或者你對六大馬毫無興趣，只想跑自己想跑的比賽；又或者你人

生就只想跑一次全馬，從此圓滿；甚至你根本不想跑馬拉松比賽，你就是單純喜歡著跑步……都可以。

我先前讀過一篇統計數據，大意是說世界上完成一次全馬比賽 42.195 公里的人，只佔總人口數的百分之一。也許是周遭環境的錯覺，讓你覺得跑場馬拉松是稀鬆平常的事。但放大到全世界來說，你其實很特別。我一直認為會去跑馬拉松的人，無論是什麼原因，都曾經與跑步建立了不可抹滅的連結，而那種連結是很珍貴的、沒有人可以奪走的。

跑馬的初心是什麼？你跑步的原因為何？一萬個人可能就有一萬零一種答案。但最後，你只要能在其中找到樂趣、能夠跟自己交代就好了，這種單純喜歡一件事情的心情，不需要與旁人解釋，也與其他人無關。

CHAPTER 2
# 跑步也是生活的一種方式

重點不是跟別人比，
而是你願不願意跨出那第一步，
擺脫沒有自信的自己，
然後從現在開始，變得比昨天更好？

# 1

## 訓練、工作、咖啡、茶

　　週間我每天都是清晨五到六點間起床、洗臉刷牙，大概在六點半以前可以出門跑步，如果當天沒有要跑太久（90 分鐘以上），那一般是空腹起跑，省點時間也鍛鍊脂肪燃燒效率。

　　跑步也是我清空腦袋，整理一天待辦事項的時候，我一般不會聽音樂，特別享受這種清晨寧靜的感覺。街上車還很少，沿著人行道跑 2 公里，可以跑上沿著海岸線的步道 Stevens Creek Trail，這條步道緊鄰矽谷的大型科技公司，只允許腳踏車跟行人進入，在八點之後可是很熱鬧的，會有大量的腳踏車騎士在其中穿梭通勤。

　　不過在清晨它就是專屬於跑者的，你可以跑得很快也不會有人反對。路上遇到的跑者和散步的人，會給彼此溫暖的微笑和招呼。風景頂多算普通，沿著灣區的港灣而建，跑 5 公里左右可以遠眺內海，常常有過境的鳥類聚集，最常見的是加拿大雁，其次是鵜鶘和鷺鷥。

　　八點回到家之後，如果太太沒有訓練，她會在這時候起

床。我會花 5 分鐘洗個澡、換上乾淨的衣服，然後跟她一起出門上班，一邊開車一邊吃個簡單早餐，通常是兩片吐司夾果醬。

九點半抵達公司，在開始一天工作以前，我習慣先手沖一杯黑咖啡。注入咖啡因的同時也像是給自己腦袋一個訊號：「該開始工作囉！」有趣的是喝茶沒用、喝拿鐵也沒用，一定得是黑咖啡，也許是因為嗅覺吧？我一定得聞到那個香味。

我白天的職業是軟體工程師，簡單來說就是寫程式的，不過實際需要打理的項目遠多於寫程式。公司的規模屬中小型，所以有很多必須親自動手的地方，例如：與專案經理訂定時程、與客戶開會確認需求、跟不同組別的同事思考解決方案等，當然一切都是用英文。我的英文口說並不如母語人士般流利，不過作為工作上的溝通還是很足夠的，偶爾也能說幾個笑話。不過在公司我並不是特別出風頭的人物，因此他們第一次聽說我有在經營跑步專頁，感到非常吃驚。

午休大約是一個半小時，不過並非強制，同事會三五成群出去吃飯，但這是我把握機會鍛鍊的時候。我會去公司的健身房，額外做重量訓練、或者跑一天中的第二趟，運動完再吃個家裡帶的便當，接著就繼續上班了。我來到美國之後才發現，原來午睡這個觀念並不是世界通用的，至少美國人沒有人在中

午睡覺。如果你趴在桌上，很快會有同事來（善意的）問：「Jay，感冒了嗎，要不要回家？」為了避免這種尷尬，我中午也就慢慢不午睡了，取而代之的是……我需要第二杯咖啡。

忙到傍晚六七點差不多可以準備回家，路上會順道去接也下了班的太太，交流一下今天工作上的事，到家後再一起準備晚餐。留學生會自己做飯是基本功夫，通常從念書的學校就決定了做菜的手藝。譬如像匹茲堡偏僻的學校，大約每四人就有三人是大廚，而太太的學校在舊金山（加州外賣太方便了）想當然她一開始煮得十分糟糕。不過在幾次練習下，現在手藝已經比我好了，兩個人一起煮，30 分鐘就可以開飯。

晚飯後就是各自的時間，我們會泡上一壺茶，太太多半在閱讀，而我最可能在回覆臉書的訊息、或者寫新的訓練文章，我時常要提醒自己不要花太多時間在網路上，我想這也是現代人的通病吧。通常會在十點半左右就寢，這就是我們的一天。

怎麼樣，意外地平凡吧？

很多人常常有種誤解，那就是作為一個自律甚高的市民跑者，我的每一天大概都是充滿了壓力和急迫。我承認有時候確實如此，例如需要跟不同時區的同事視訊會議，或者該週執勤、晚上需要時刻監控手機訊息等，不過大多數時間，我都還算應

跑者的生活貴在平衡，對我來說平衡其實就是取捨，每個人一天都是二十四小時，時間放在哪、成就大概就在哪。 生活縱使有諸多不便，你總是能找到方法的，不能出去跑的日子，在堆滿雜物的倉庫運動也很好。

付得來。

　　**跑者的生活貴在平衡，對我來說平衡其實就是取捨，每個人一天都是二十四小時，時間放在哪、成就大概就在哪。**

　　我選擇把生活過得很簡單，每天就是訓練、工作、咖啡、茶，這些事情是我的優先順序，有餘暇再來考慮其他好玩的事。舉例來說，我高中和大學非常喜歡玩線上遊戲，幾乎能天天玩通宵，但現在已經徹底不玩了。追劇也是、上網看直播也是，這些都是很花時間的活動，其實我也都很喜歡。但追根究柢就是要取捨，跑步對我來說比這些重要、寫文章也是、甚至休息睡覺也是，所以我就儘量把其他項目的時間壓制到很少。

　　有些跑友說他們的工時很長，或者因為輪班制的關係，跑步時間很不固定。我覺得每個人在自己工作崗位都有需要扮演的角色，無可厚非，但總是有可以更好利用時間的方式，我們就跟自己比就好，人終究只需要跟自己比較。

　　美國有位健身教練曾經分享過一個觀念，那就是大部分的人都把「健身」看得太嚴肅了。覺得健身一定得是每天去健身房練上兩個鐘頭、吃的東西斤斤計較、不吃炸不吃油只吃雞胸肉，最後才會有一個好的成果，因此遲遲不去嘗試。對他們來說，要跨過這個「開始健身」的門檻似乎很高。

　　但是這完全沒有必要，六十分的人，有六十分的健身方

式、四十分的人，有四十分能進步的方法。小如改變飲食偏好，一週限制自己最多吃一兩次宵夜；又例如改變生活習慣，每週選兩天，早一個地鐵站下車，走個 20 分鐘回家。

這類非常微小的改變，因為簡單，也不需要你做太嚴肅的承諾，反而容易開始，並在長久累積下慢慢有成果。更重要的是養成了這個習慣之後，你就會覺得「這也沒什麼大不了的吧？」然後你就可以再嘗試下一步，例如不吃宵夜、不喝含糖飲料、每週去操場兩次、快走 30 分鐘等。

很多人錯在一次就想要做到滿，四十分的體格就想做一百分的訓練，那失敗機率接近百分之百。不要設定一個不切實際的目標，而是做一個會讓你有一點點不舒服，但是你願意去嘗試的。重點還是兩個字：首先是「開始」，其次就是「堅持」。

也有人會問我：「我體重太重，要減到幾公斤才能跑步？」

我借用一句我很喜歡的馬拉松跑者說過的話：「你不需要看起來像是個運動員，也能當個好運動員。」跑不了 30 分鐘、那就跑一段走一段；連跑個一步都喘？那就單純從走路開始就好。重點不是跟別人比，而是你願不願意跨出那第一步，擺脫沒有自信的自己，然後從現在開始，變得比昨天更好？

# 2 因為喜歡

RUNNING LIFE

「這麼辛苦，為什麼你總能堅持下去？」

「可能是……我真的很喜歡跑步吧。」

第一次被問這個問題，是在某個小型的分享會上。跑步的過程中自然有很多絢麗的時刻：「第一次破三」、「第一次參加波士頓馬拉松」、「爸媽到賽道旁幫我加油」。但是構成跑步 99% 形狀的，還是日復一日的訓練。

無論是跑步還是其他事情，其實都不是你拚了命練、練很多，就可以馬上成功的。在我開始跑步以前，從小的興趣其實是打籃球，可是我打得並不算好。舉個例子，高中班際籃球賽，我們班的實力還不錯。規則是一個球隊能註冊十個人，我剛好就是排第十，偶爾上得了場，但不是很重要的龍套角色，可以的話交給隊友去打會比較安心。

還記得當時每個午休，我會跟另一個同學衝去圖書館，不是看書，而是去用圖書館的電腦查 NBA 的賽果。升上高三後壓力很大，課後的打球時間也變少了，那時激勵我考大學的動

力之一，就是升上大學後，我要去打系籃打個痛快。那時還被朋友笑：「哪有人考大學的動力是想打球的？」

放榜的那個暑假，我如願考上了理想的大學，等著開學的時間，也決定每天都去球場練球。那時候訓練知識不好，一個人也不知道練什麼有效，就跟櫻木花道一樣練基本動作，左手運球、右手運球，然後自投自撿、再練習各種角度的接球步伐，每天要投進一百球才肯回家。

一開始投進一百球，大概要花整整 2 小時，每天都是練到手軟腳軟；一個禮拜後，還是要花 1 小時 55 分才能投進一百球；又過一個禮拜，只進步了一點，大概可以在 1 小時 50 分完成。

但是大概在練了第五或第六個禮拜時，我突然開始能夠一直投進了。兩個月後，我順利加入大學系籃，打了新生盃先發並且贏了幾場比賽，學長們對我的籃球實力很看好，我非常開心。現在看並不是什麼了不起的事，可是回想起我在高中，都還是板凳最深的那個，對當時的我而言，是一個很重要的肯定。

但這個過程，我並不記得有什麼「覺醒時刻」，像是漫畫主角突然間開竅然後就學會投籃，真的沒有。反而更像在修煉功夫，一直練一直練，可是感覺都沒效，因為還沒得到練到升級所需的經驗值，例如練到 998/1000。你覺得自己很沒用，怎麼練都沒有進步？可是你不知道的是，只要再投進兩球變成

1000/1000，你就會了！很多人在 998/1000 就放棄，覺得自己辦不到，然後就真的再也辦不到了。這也是為什麼直到現在，我的興趣從籃球轉移到跑步，我都還是抱持著一樣的心情。

　　你要先對一件事情真心喜歡、產生熱情才會心甘情願去做。每天一點點時間都好，有時間就去做，不要覺得「只有 30 分鐘那沒有用。」錯！即使每天都只有一點點，但累積下來的成效就會變成一座塔。更重要的是透過這樣，你能培養一個習慣——那就是不要這麼輕易，就選擇相對簡單的道路。

　　只有 1 小時空檔，跑不跑？只有 45 分鐘空檔，跑不跑？只有半小時空檔，跑不跑？剩下不到半小時，那我可不可以練個核心也好？

　　打籃球、跑步，也都是在練功夫。你每天練一點，久了就有機會達到 1000/1000。不要覺得我今天跑不到 1 小時就不跑，那樣你會越來越容易放過自己，最後就變放縱自己。即使你到了 1000/1000，後頭還有 1000/2000、1000/3000 等著你去做。這是一條很長、可以走很久的路，但是你一定要開始，開始了之後就要堅持。

　　我以前會覺得土法煉鋼不好，但現在仔細想想，土法煉鋼也有它的好處，就像有人每天堅持跑 10 公里，跑個兩年、三年，

體力一定不會太差。像是練功，每天穩定練個三或五點，比一些聲稱強效、一天就催你一百點的門派相對就安全一點，比較不會走火入魔。

　　但這都只是比喻，也有很多更理想的、可以讓你相對安全、效果又比傳統的好一些些的方法（比方說週期化訓練）。總而言之，人家說「勿以善小而不為」我也覺得「勿以量小而不練」，有一點機會那就練一點，久了下來，你就是多出別人一卡車。

　　狀況好的時候，你要告訴自己，要把握住現在這個機會，不要因為怠惰錯過了訓練的時機；狀況差的時候，你更要提醒自己，每個人都有壞日子，但是只要堅持訓練，屬於你的晴天一定會到來。然後你要記得一件事，正是因為喜歡，所以不要讓任何外在的因素，壞了這樣的心情。

　　正因為喜歡，你必須要有個計畫，或者至少是方向，可以讓你一年到頭心甘情願持續遵循。

　　正因為喜歡，你要付出相對的時間跟努力，每天在一樣的時間做一樣的事，不分寒暑晝夜。

　　正因為喜歡，你要避免過度訓練，狀況好時特別要提醒自己，永遠要做客觀的分析。

　　正因為喜歡，你要避免參加過多比賽，以最好的狀態專注

在真正重要的賽事上。

正因為喜歡，你要把持聚餐享樂的頻率，讓身體、心靈獲得更好的休息。

正因為喜歡，你要在飲食上有所節制，幫助身體恢復。

這一切，都正因為你太喜歡，都正因為你想要不只跑得更好，還要跑得更久。

關於跑步，如果你的訓練目標是全馬，那記得這些很重要，因為馬拉松的進步週期可以長達五到十年。如果你的目標只是為了保持身體健康，那這更重要，因為正確的觀念會跟著你一輩子。

我花了不少時間、走了不少冤枉路才體悟到這件事。身旁有太多朋友來來去去，因為「臨時起意」而加入，又因為「心血來潮」而受傷。相對來說，這幾年我的進步曲線已經越來越緩，但知道自己是在朝正確的方向走，那就不在乎多花一兩個月、甚至半年一年才能達到一樣的高度，只要最後都站在山頭上，看著一樣的風景就好了。更重要的是在找尋的過程中，想著如何長保熱情跟興趣。

你不見得要跑得很快才能享受跑步，如果你真心喜歡訓練和比賽的過程、而不在乎成績，那是很幸福的事；如果你只是單純喜歡跑步，作為一種好的生活型態，那我更羨慕你。

瞭解自己並且誠實面對自己，始終是重要的課題。就如小說《強風吹拂》主角清瀨灰二所說：「長跑比的不是速度，而是比心裡放什麼東西。」

　　因為喜歡，所以持續，這就是我擺在心裡第一位的東西。

知道自己朝正確的方向走，就不在
乎多花時間才能達到一樣的高度，
只要最後都能站在山頭上看著一樣
的風景就好了。

# 3
## 起得比雞早，
## 然後去跑步

RUNNING LIFE

　　有次一位網友問了一個讓我印象很深的問題：「你們晚上怎麼睡得著，早上都怎麼起得來跑步？」他表示自己生活習慣不固定，晚上時常太晚睡，清晨又容易爬不起來，而台灣的夏天非常炎熱，錯過了清晨五六點的黃金時刻，就得等到入夜後才有機會再跑步了。

　　因為我覺得自己的答案沒什麼說服力，於是又把這個問題同樣問了周遭的朋友，包括幾位在工作上特別有成就、家庭生活也照顧得特別好的前輩們，問他們為什麼都是選擇早上起來跑步。我以為會聽到「早上訓練精神比較好」、「訓練效果佳」等等的回覆，但最後的答案卻很令人意外。他們說之所以會早起訓練，多半都是別無選擇。

　　舉例來說，以一個平常的上班族，光是週一到五的上班時間，就佔據了日間的九到十個小時，當中要加一兩天班。就算能準時走，回到家已經是晚上七點，接著要張羅晚飯、陪陪家人、做做家務，如果晚上要出去訓練，另一半多半不大樂意。

相較來說比較容易商量的，就是在家人還沒起床，一天還沒真正開始的這段時間。

從清晨到進入公司前的這一兩個小時，就是只有自己、以及訓練夥伴的時光。無論是獨自苦幹或者三三兩兩到操場碰頭，把彼此逼到極限後，一面收操一面檢討。隨著學校操場的上課鐘響起，我們不是回家睡回籠覺，而是回歸到工作的崗位、家庭的責任上，這時一天才剛要開始。

跑團裡有位跑友，要叫他前輩也不太對，因為他開始跑步比我更晚，是 2014 年左右才開始的，純論跑齡還略比我短一點。但是短短四、五年，他以 46 歲的年紀，完成了世界六大馬當中的五場，全馬最好成績是 2 小時 44 分，還曾經拿過波士頓馬拉松的年齡組前十。他同時有一份工作以及一對兒女，時常看到他五點半就在大街上跑步，然後七點一到就急急忙忙回家送孩子上學，接著再去上班。儘管如此，他還是樂此不疲，並且強調「家庭還是最重要的」。

作為市民跑者的我們，其實都是同樣的。跑步並非是我們的工作，跑好了不會有獎金，跑傷了還得自掏腰包療傷，真正能理解這一切過程的，多半只有自己。**不管是利用早起、午休、還是下班後或者睡前，市民跑者們都是試圖在兼顧其他責任的同時，擠出一點點時間，追求一個僅僅屬於自己的夢想。因為**

**每個人一天都只有二十四小時，時間花在哪，成就就在哪。**

最近學到一個新詞叫作「報復性熬夜」，是在說現代人醒著的時候，時間都被其他人佔滿，一到了夜晚，無論是坐在沙發上看電視、還是躺在床上滑著手機，好像也不真的在做什麼有意義的事，但無論如何就是捨不得睡覺。心理學上，這來自人類一種補償的心態，由於白天的生活太過忙碌，等到終於可以喘口氣，希望可以透過熬夜來彌補這一天的遺憾，也是表達自己對生活的不滿。很多電視節目或者網路頻道也是抓住了這樣的心理，在晚間十點到十二點間播放最好看的節目、端出最刺激的聲光內容：政論、綜藝，無一不是聲光效果十足，把你綁得死死的。

然而這樣的過度補償，往往只能給予一時半刻的歡愉，卻沒法給人真正的安慰，時間久了，反而會讓人沒有勇氣承擔熬夜的後果，而更害怕第二天的到來。而且接續下去的第二天、第三天，也很容易就這麼報復性熬夜下去，最後就變成了一種習慣。

我並非心理學專家，但如果要提出一項解方（姑且說是偏方吧）不妨試試「積極性晨訓」。相較於「報復性熬夜」無止境的延長夜晚，在多半無意義的事情上，積極性晨訓採取的

是另一個面向，也就是把最想要做的事：「跑步」擺在一天待辦事項的第一位。如此一來，每晚當時鐘指到十點時，想到的不再是開個電視追劇、也不是拿起手機上網，而是想著我明天五六點得起床，那我最好現在去洗澡，到床上躺平。

　　起初是肯定不習慣的，我自己也經歷過這樣的過程。十點才是綜藝節目、連續劇的黃金時刻，難道我就這麼睡了？但是習慣的養成需要時間，前幾次最重要，起初也許沒法這麼早睡著，但一定得讓自己早起，五點一到就起床，不要讓自己找藉口。沒睡飽？怪誰呢，誰教我昨天這麼晚睡。當拖著略為疲憊的身軀和紅腫的雙眼、打著哈欠來到了操場上，卻驚訝地發現，不管再早，我永遠不會是田徑場上的第一個人。趕緊繫妥鞋帶，原地跑跳個幾步──打起精神來吧，這是我對自己的承諾。

　　把重要的事擺在一天的開始，好消息是接下來不管過得多糟，至少都完成了一件大事，不是嗎？這種訓練後的暢快，總是足以讓我保持好心情一整天。到了當天晚上，又看到時針指到十點，心情開始有一點改變。而我也理所當然因為早起，更早就覺得睏了，想要去床上躺著。然後第三天、第四天……直到早睡變得不再是一件特別的事。

　　你問說辛苦嗎？有時當然會這麼想，尤其是冬天寒流來的時候，逼著自己離開溫暖的被窩，天都還是全黑的，還是得牙

不管是利用早起、午休、下班後還是睡前，市民跑者們都是試圖在兼顧其他責任的同時，
擠出一點點時間，追求一個僅僅屬於自己的夢想。

關一咬就往冷風裡去。可是這種辛苦是自找的，而且是會有回報的，因此不但不覺得委屈，反而還很有成就感。

　　我最自豪的時刻，莫過於是公司的同事在閒聊時不經意問我：「冬天這麼冷的天氣，你應該不跑步了吧？」我總會微微一笑：「不，我每一天都跑，是的，每一天。」

　　「跑步是我一天當中，最放鬆的時候。」訓練夥伴苟良（同時也是兩個孩子的爸）總是這麼說，看到他清晨六點就踏上操場，上滿一天班、晚上做重量訓練，等女兒睡著了，才又打開電腦加班到深夜；另外一位夥伴蕭昱，常常在週一到五的工作日，早上在騎車、午休時間跑步、下班後又去游泳，平均起來每週訓練時數，都是二十多個小時。

　　這些真實存在、每天在身邊發生的例子不斷提醒著我。我當然無法跟他們比較，但也因為每天早上都看到這些人，隱隱約約就覺得，自己好像總是有可以做得更好的空間，也一定有還能找到更有效率的方式。每個人在生命中，多少都有一兩件你會想要拚盡一切努力去完成的事。對小學時代的我，可能是段考第一名；對中學時代的我，可能是獲得同班女生的青睞。我對跑步的心情，大概就是這樣子的吧，這份心情有一天也許會改變，不對，總有一天一定會改變。

　　有一天我會再也不喜歡跑步了，或者有另外一件事情取代

了它的位置。不過在那發生之前，我還是會一天又一天，晚上十點就到床上躺著，在隔天早晨的雞叫以前，出現在田徑場上。即便無論試了幾次、不管起得多早，我永遠不會是第一個人。這就是我選擇的生活。

# 4
## 市民跑者的奧林匹克

「歡迎來到 Hopkinton 選手村，每個挑戰者都有屬於自己的故事，但你們都靠著自己的努力，來到了這裡！」這不是什麼線上遊戲的開場白，而是真實發生在 2017 年春天，我第一次參加波士頓馬拉松的場景。

很多市民跑者都有過這個夢，要來這個歷史悠久、匯聚了世界最激情跑者的殿堂看上一眼。波士頓馬拉松始於 1897 年，超過百年歷史。在麻薩諸塞州，四月的第三個星期一訂為愛國者日（Patriot's Day）同時又被稱作馬拉松星期一（Marathon Monday）。俗語說在這個傳統節日，麻州居民有三件重要的事要做：「看場紅襪隊比賽，或者跑一場馬拉松。如果都不行，那至少得去波士頓城裡，看一場馬拉松。」由此可見，波士頓馬拉松對於居民，絕對不僅僅是一場城市賽跑，而對來自一百個不同國家的跑者而言，波馬也絕不僅是一場馬拉松而已。

我抵達 Hopkinton 選手村時時間還算早，拉著幾個夥伴、繞著村子巡了一圈，官方備有貝果、香蕉、咖啡、運動飲料等

CHAPTER 2　跑步也是生活的一種方式　071

等基本的食物，口味看起來不是特別吸引人。選手村中最熱門的景點，是一面寫著 Welcome to Hopkinton! It all starts here!（歡迎來到霍普金頓，一切從此開始！）的牌子，周圍排了長長的人龍等待拍照。

雖然是第一次來到這，卻沒有太多拍照的慾望，望著深藍色的天空，九點時的日照已經非常強烈、溫度也上升到二十度。天氣是有點好過頭了，我已經脫到剩下比賽穿的背心，鬢角仍不停冒汗。

九點五分，跟著第一波次穿戴紅色號碼布的大批人潮離開了選手村。波士頓馬拉松的起跑分區依照報名成績嚴格排列，一共分為四個波次（Wave）：紅、白、藍、黃，而每個波次又有各八個分區（Corral），一個分區約有一千名跑者，所以你能保證在身邊起跑的，都是與你實力相差無幾（就是一千名以內）的選手。走了 20 分鐘總算到了隊伍的最前頭 Wave1 Corral 1，在這一區裡的跑者，報名成績都在 2 小時 45 分鐘以下（我取得報名資格之後，在 2016 年的加州國際馬拉松跑了 2 小時 44 分，改以這個成績擇優排序），前面 15 公尺就可以看到起跑線。突然間左側通道一陣騷動，是菁英選手們出場了。

領銜者是包含一干肯亞及衣索比亞的選手，然後是 2014 年的波馬冠軍 Meb Keflezighi，即將年滿 42 歲的 Meb 無疑是全

場最受歡迎的人物，他也在賽前宣布這將是他最後一年參加波士頓馬拉松，他臉上掛著招牌的微笑。Meb 之後是現齡 30 歲，美國馬拉松選手第一把交椅的 Galen Rupp。Galen 在去年里約馬拉松奪下銅牌，與 Meb 相反，他刻意低著頭，不與任何觀眾做眼神接觸。接著他後頭出場的，是跟 Galen 一樣穿著 Oregon Project 制服的日本選手大迫傑，今天是馬拉松初登板。

比賽的情緒在此時被炒到最高，就在美國國歌之後，兩架 F-15 戰鬥機從空中轟隆隆劃過，主持人開玩笑說：「他們會是今天最快通過終點線的！」緊接著，槍響開賽！

高水準的比賽我已經參加了不少，但這種陣容還真是第一次。等到我通過起跑線，前面已經有好幾百個人，把兩線道的鄉間小路擠得水洩不通，觀眾擠滿馬路邊扯著嗓子叫喊。畫面讓我不禁想到，2006 年參加台北市政府前的跨年人潮，我只去了一次就再也不敢去了。

開賽第一公里，跑出了 4:03 的配速，在下坡的助威下，配速還顯得保守。可是波馬下坡並非平緩，而是帶點高低起伏的小丘陵地形，悄悄奪走跑者的體力；同時毒辣的太陽把我手臂曬得鮮紅、心跳撲通撲通的跳，突然間小腿感到一陣冰涼，開始還以為是官方灑的水，仔細一看才發現原來汗水已經浸透了運動帽，一路由帽簷滴到了小腿肚上。我不得不先慢下來，在

第一個補給站接過義工手上的運動飲料，隨即一飲而盡。又接過了第二杯水，摘了帽子從臉上直直澆了下去，冰涼感幫助我恢復了理智。天氣炎熱加上時差帶來的疲憊，我的狀態其實很糟糕，保守的配速下身體仍然吃力，降速對我來說是不得不的決定，不然恐怕我會撐不到終點。

隨著速度降下來，我開始會注意到一些微小的細節。像是路旁的老先生老太太，身上穿著的不知道是幾年前的波馬服；路旁的小朋友，一個個伸長了手，不過在前方的跑者，卻沒有人有心思去回應。我緩緩靠了過去，向站在前排的小女孩點了頭，伸出手掌和她輕拍了一下。小女孩興奮的向朋友炫耀，而她的爸爸在我經過時，向我喊了一聲「謝謝，你真好！」

不一會過了半馬距離，計時器顯示 1 小時 28 分，隨著道路逐漸寬闊，已經沒有剛開賽的擁擠感，然而氣溫仍是一路攀升。我從每站喝一杯水淋一杯水，到後來必須喝一杯水、再額外淋兩杯水，才感覺好一些。下場是每次我進補給站總是全身濕透，但沒過三兩分鐘又會被烈日曬乾。

來到 26 公里處，我不禁倒抽一口氣，眼前就是整段賽道中最大的挑戰：牛頓四大坡。牛頓四大坡是連續四個緩上的長坡，從 26 公里處直到 34 公里，難處除了在於本身的爬坡之外，也因為它的位置正是馬拉松跑者最容易撞牆的時期。我收起了

跟觀眾互動的心情，一步一步埋頭苦幹，隨著坡度的爬升，大腿內側肌肉清晰地抽跳著。以 4:27 的配速勉強攀上了最難的傷心坡，我大大鬆了一口氣，因為接下來回到終點的路，就是一路向下了。

　　說時遲那時快，也許是因為沿路的攀升、或者炎熱的天氣造成出汗太多、也可能就只是心情的稍微放鬆大意，一陣電流閃過，右大腿的肌肉開始嚴重抽筋，每跑一步，都清晰感覺到強烈的疼痛。在 35 公里後，連續跑出了幾個離譜的 5 分速。我清楚知道自己並沒有受傷，但是腿的無力感讓我完全無法保持速度。兩位認識的跑友這時從後頭追過，看到我在這裡詫異了一下，隨後試圖要撿我上車。我重新燃起鬥志跟了上去，無奈只是強弩之末，抵不過雙腿的疼痛，不得已看著他們的背影逐漸遠去，我的表情就跟跑姿一般扭曲。

　　掙扎著、痛苦著、跑到了最後的直線，遠遠就能看到遠方的藍色拱門下、終點線前的觀眾不分你我的為跑者最後衝刺助威。還有 500 公尺，我咬牙忍耐著跑，說什麼都不能在這裡倒下。終點線在眼前搖搖晃晃，有點像是沙漠中的海市蜃樓，還剩 50 公尺、10 公尺……我好想趕快完成比賽，但每跑近一步，心中又多一絲遺憾，像極了畢業典禮上的學生，好想離開學校、又捨不得就這麼結束了。顫顫巍巍的過了終點，我喘了好大一

口氣，不由自主的用雙手摀住了臉。醫護人員一擁而上，問我感覺怎樣，我比了根拇指說：「還好」。

往前走了幾步，志工老奶奶手上拿著獨角獸獎牌，我來到她的面前，腰彎得好低好低。

老奶奶幫我掛上獎牌，並且在我耳邊用最溫柔的語調說：「恭喜你，你現在是個波士頓馬拉松跑者了。」當我抬起頭來，眼淚早已奪眶而出。

最後我的完賽時間 3:05:04，第一個半馬跑了 1:28:19，第二個半馬 1:36:45，在 27221 名參賽者中排序 2044 位。後來我才知道，今年波士頓馬拉松賽事溫度一度達到攝氏 25 度，是近十年來的第二高溫。一共有超過 1200 名選手尋求醫療協助，而參賽者的完賽時間平均比報名成績慢了 23 分鐘。即便過程充滿崎嶇和痛苦，但能堅持到最後一刻，真好。

我現在是個波士頓馬拉松跑者了。

我的第一個獨角獸獎牌。2017 年,完賽時間 3:05:04。

# 5

## 在終點遇見
## 更好的自己

RUNNING LIFE

　　跑前一天的心理素質：給像你一般的市民跑者。

　　全馬訓練週期很長、而且過程很辛苦。你經歷了無數個辛苦訓練的早晨或者深夜，無論晴天、雨天、颱風下雨，但你都熬過來了。眼前就是比賽，而這 10 週、16 週、甚至 20 週的訓練，在明天就會劃下句點。

　　我不知道你是為什麼開始跑步的，就像你不知道我的一樣。可能只是單純的想減肥、或是無聊找不到事做，更可能只是一時衝動或者跟人打賭，才會想要去跑一場馬拉松，那可是 42.195 公里，那可是超過操場一百圈。面對現實吧，你是個很奇怪的人，世界上跑過全馬的人數只佔全人口不到百分之一，所以你至少跟百分之九十九的人都不同。

　　即便每天過常人一般的生活，要早起上班、面對上司與同儕的壓力；回到家之後，同樣要照顧家庭，特別是有小孩的你們，平衡生活更是不容易；我們好努力擠出一些時間，有些人選擇早起，日出以前就到田徑場報到；有人只能選擇深夜，趁

著家裡所有人都睡下，才能痛快的去流點汗水。

「跑步是能當飯吃喔？」

面對這樣的質問，一開始還會覺得憤怒無奈，但聽久了早就不痛不癢，因為你明白，這對你很重要。日常生活之外，你想要在平凡之中追求一點不一樣，並不為了站上凸台或者在排行榜上留下記號，而更重要的是讓自己知道：我能做到更多。除了在工作當個好員工、家裡的好老公、好老婆、好爸爸好媽媽以外，你仍想要多得到一些什麼。

我常這麼對自己說：「比賽在報名之前就開始了，而在站上起跑線時就已結束。」只有你知道為了這一刻做了多少準備，過去幾個月的辛苦也許旁人無法理解，但你自己能夠體會。那個在腦中早已描繪過千遍的終點線越來越清楚，在這一天總算出現在眼前，確確實實地，沒人能從你手中拿走。

好好去享受這一場屬於你的比賽吧！

跑者在很多時候是很孤獨的，就像百分之九十九的人都無法理解，你為什麼要在清晨五點或半夜十二點在操場繞圈、要在風雨交加的天氣說我去去就回，要自掏腰包搭車、搭飛機去跑三、四、五、六小時的步，還沒有人付你錢。

但是沒關係。

看看身旁的這些人，因為你並不寂寞。這群看似陌生的臉孔，某種程度上與你有更相近的 DNA。家人、朋友、同事間不懂的，在身旁的這些人都能理解。因為你們同屬於那百分之一很特別的人，而你知道不管接下來是 21 還是 42 公里，有成千上萬懂你的人，你不再是自己一個。

明天結束之後，你會感到有一絲絲不一樣。我不是說會痠到無法下樓，雖然那是一定會發生的。星期一開始，你還是會照常上班、下班、做家事、煮飯、睡覺，扮演好你在社會上的角色、家庭中的責任，但同時你心底的最深處，會有一個小小的聲音，在耳邊輕輕的說：「幹得好，你做了件了不起的事！」即使他們都不懂，但無論你喜歡與否，你都是那百分之一了。

比賽成績終究不是目的，而是在這個過程中，能不能持續堅持努力，然後希望能在終點線上，遇見一個更強的自己。當你做了承諾，切切實實做了一切的訓練，準備在場上盡力發揮，不到最後一刻絕對不放棄。在此刻，你早已是更強的自己。

May the wind always be at your back. 願風與你同行！

幹得好，你做了件了不起的事。
我們約定，在終點遇見更好的自己。

# 6 我的冠軍選手

　　剛剛跟我生涯執教的第一位選手舉行了相見歡。選手是一位年輕的女性，目前任職朝九晚五設計師。跑齡勉強算一年，最佳半馬成績為 2 小時 10 分，她的需求是明年十月要參加芝加哥馬拉松，她的初馬。

　　透過簡短的談話，我了解到她目前的訓練方式十分簡單粗暴：每週跟跑友跑一次 10 ～ 15 公里的長跑，除此之外就沒有其他訓練了。對於這樣的訓練法，能有半馬 2 小時 10 分的成績坦白說我十分詫異。

　　考慮到選手自述學生時代根本就不上體育課，她的缺點是由於自幼缺乏體能訓練，對於協調性的掌握、以及肌肉力量的運用都有如白紙一張。但出乎意料的有不錯的耐力，幾次半馬下來後段都沒有明顯掉速。我必須讓她理解參加全馬跟半馬所需要的訓練完全不同，這種偶一為之的歡樂跑訓練在半馬以下也許行得通，但全馬必須謹慎以對。不尊重馬拉松，它就會讓你好看。

第一次嘗試作為教練，我必須時時提醒自己，很多時候除了專業上的需求，還要照顧到選手的心理狀態。畢竟我們只是業餘跑者，如果讓跑步對日常生活產生負面影響，那家庭生活也會產生摩擦。而當選手就是你太太，這又格外重要了。

　　前面這段文字，是我在太太確定芝加哥馬拉松中籤後寫的，那時候覺得有些不可思議。當時我實在沒想到自己有天要幫別人開課表，更沒想到那個人竟然會是我太太。有些人會說，要說動另一半開始運動很難，我很同意。

　　跟從小就有點過動的我相比，我太太是最安靜的那種。她不喜歡上體育課，對於鍛鍊身體線條沒有興趣。很多人開始運動的原因是「中年發福」，但這理由對她也沒效，她們家的基因突出，即使都不怎麼運動，一家人都是纖細的身材。我花了很大的工夫才慢慢讓她理解，適度的運動對生活是有正面幫助的，所以有時候在練核心時會邀請她一起，就算在那邊扭扭腰、平板撐個 5 分鐘也開心，這是第一階段。

　　再來就是讓她開始跑步，這點很難，因為我們的跑步速度差太多了。對我來說輕鬆跑是 5 分速不到，4 分速更是常有的事；相較而言她只能跑 7 分半，而且最多跑個 1 公里多就想回家。對能跑 4 分速的人而言，慢跑 7 分半是很痛苦的。為了配

合這個速度，整體姿勢、步幅、步頻都會開始變形，那種感覺很奇怪，即使心肺不太喘，但跑完肌肉會很痠。

　　剛開始的時候我埋怨過幾次，跟妳跑比我自己輕鬆跑還累、還沒有效率。不過每次抱怨完，回頭也會怪罪起自己的不應該。我告訴自己，當一個人願意開始嘗試，無論如何都需要支持。就這樣，我們就從 7 分半跑 1 公里，每個禮拜慢慢加。

　　「今天要跑嗎？」「不要，腿痠。」「好。」

　　「今天要跑嗎？」「不要，想睡覺。」「喔。」

　　「今天要跑嗎，已經休息兩天了？」「好，可以跑。」「喔耶！」

　　就是這麼半哄半騙，她不想跑就不強求，哪天願意跑了，那就在身邊陪著跑。後來也試著帶她去跑團的週末團跑，那裡有些程度和她差不多的人，一邊跑一邊聊天，也算是打發時間吧，就這麼過了幾個月，終於她跑了第一個半馬，當然，又是我全程陪著的。

　　跑完第一個半馬，一般人這時候就會開始想全馬了。在大家的推坑下，她也不出所料動了一點點念頭，不過被我嚴正拒絕了：「半馬跟全馬是兩件事。如果沒有準備好就跑全馬，輕則鐵腿兩個禮拜、重則受傷，更嚴重的話……妳會從此討厭跑

我最開心的事並非讓太太初馬破四，而是能夠教會她跑步是一件開心的事。
〈我的冠軍選手，2018 年芝加哥馬拉松，初馬，3 小時 53 分〉

步的。」

　　練全馬很累，她光看我日復一日，天沒亮就得起床就知道
了。我沒有幫她設定一個幾歲以前要完成全馬的目標，要不要
跑全馬是她的決定。唯一的但書是一旦決定要跑，那就一定要
練。這是我的堅持，也是為了她的安全。

　　2017 年底芝加哥馬抽籤公佈，幸運（或者不幸）中籤。報
名表既然是她自己填的，那就不能怪我了，我沒有即刻擬訂計
畫，不過也在潛移默化中，讓她習慣一週跑個四、五次的頻率。
漸漸她也不太需要我每天陪著跑了，不過可以的話，我還是會
盡量陪跑一小段，例如一起熱身、或者一起收操。週末的話會
幫她安排幾個配速差不多的朋友，一起跑比較不無聊。

　　不知不覺，有天清晨天未亮的時候她起床了，說要去練習。
我當下聽了覺得好欣慰，她應該是真的準備好了。


　　比賽那天，我們一起走到起跑線附近，在進入起跑分區以
前，我跟她叮嚀了所有我能想到的事。經歷了兩年的有氧打底，
半年的里程累積，最後一絲不苟完成了 20 週的訓練，此時我
們都不清楚最後會跑成什麼樣子，但這時候也只能選擇相信她
了吧。

　　直到跟她分開，進入起跑分區我才想起，對喔！我自己今

天也是全馬的參賽者。直到現在才第一次出現緊張感，實在是因為在此之前，心思都放在初馬的太太身上。

我最後跑了一個不算好的成績（2 小時 40 分）沒有達到賽前的預期。當回到寄物區，取回包裡手機開始查詢她的里程更新，突然一陣冷汗狂流，她不斷在超前進度！那天天氣實在不算好，中間還一度下了不小的雨，連我都受到了一些影響，我不禁有點擔心如果她後頭堅持不住，那肯定會很艱辛。後來她如期通過 35 公里的計時區，我想大概是沒問題了，就開始緩慢地移動腳步（是真的很緩慢，我一度以為要走一輩子）往終點線等她。

等了好一陣子，終於在人群中看到了她，笑得跟朵花一樣，我問她說：「累嗎？」她居然回答：「還好，沒有想像中那麼累。」那個當下，真是一陣感動，我知道她已經從裡到外改變了。全馬成績最後是多少、甚至這會不會就是她的最後一個全馬，都已經無所謂，她已經有了最美好的初馬回憶，而我打從心底為她開心。更重要的是，她選擇了她喜歡做的事，而不僅僅是做我喜歡的事。

她最終以 3 小時 53 分完成了初馬，芝加哥馬拉松。

CHAPTER 3
# Beat Yesterday,
# Beat YesterJay

透過一次次奮力與堅持不放棄，
在每次全力以赴、筋疲力盡之後
看看終點線後是否存在一個更強的自己。

# 1 邁向完成六大馬的路

RUNNING LIFE

　　有天被問到「你一開始是為什麼想完成六大馬？」我突然愣了一下。我好像從來沒有說過自己會完成六大馬，也不真正把這它當成一個目標，但隱隱約約大家都覺得我會去做，搞得現在我也覺得自己好像非做不可似的。

　　就跟很多市民跑者一樣，我覺得完成六大馬會是一件很值得驕傲的事，這代表一個人單單為了跑步這個熱情，願意付出時間、金錢、還有很多努力去成就這個夢想。在這個過程中一定會犧牲掉一些什麼的，但過了十年、二十年回頭看，應該會是一個很特別的回憶。那為什麼大家都覺得我會完成六大馬呢？也許是因為目前已經完成了芝加哥、波士頓、紐約以及東京，就只剩下倫敦跟柏林，有點「頭已經洗一半」的概念。

　　不過話說回來，當初會開始進軍六大馬，選定的自然是在美國本土的幾個城市，含上太太的份，每次出征都得買兩人的來回票，加上住宿什麼的都是一筆不小的開銷，幸好國內線機票遠比國際機票便宜許多。這些城市都是美國最具有特色的幾

個大城，芝加哥的現代建築、波士頓的古老莊嚴、紐約的熱情奔放，都讓我覺得這就是世界級的風範。更不可不提每場比賽都是前所未有的高規格，雖然收費當然比一般比賽貴，但是整體參賽體驗非常美好。彷彿每個人都被當作選手好好對待著，這是我在其他地方都沒有感受過的。

　　參加過我的第一場六大馬——芝加哥馬拉松之後，我就深深被這種大賽的氛圍吸引，然後開始千方百計研究起每個比賽的參賽資格、報名時間及條件等等，然後就發現多數的比賽都有「時間合格」這個條款。以我當時為例（每年的合格時間可能會變動，有意參加的人要以當年官方公布的時間為主），芝加哥馬拉松的合格是 3 小時 15 分、紐約馬拉松是 2 小時 53 分、波士頓是 3 小時 5 分、東京和柏林是 2 小時 45 分。很幸運的是前三「簡單」的都是在美國，因此我很快就取得了三個賽事的合格標準，而可以自由選擇要在哪一年參賽，我當時很興奮，幾乎是取得合格的當下，就決定隔年要參賽了。

　　東京跟柏林的標準都是 2 小時 45 分，相對來說就很有挑戰性，但我仔細評估過自己的狀況，覺得並非不可能，所以我就決定要用「合格」的方式去報名。不過很可惜的是倫敦並沒有設置這個條款，所以要怎麼參賽還是有點傷腦筋。取得合格

之後，接下來就是好好訓練了。每一場比賽就如前面描述的，都是十分特別且莊重的，我一點也不想抱持「玩玩」的心情去跑。我覺得既然辛辛苦苦取得合格，那更要專心致志的訓練，才不會辜負當時那麼努力的自己。

於是我每年幾乎都是兩場重要比賽（春、秋各一場），每場比賽要訓練 16 到 20 週，兩場比賽加起來就是十個月的訓練週期，可以說是全年無休都在跑步訓練。題外話，我也要非常謝謝太太的支持，基本上我們兩個這幾年的假期，都被我拿來安排比賽了。雖然這些城市都有它的獨到魅力，但我想太太應該也很想去其他「不跑馬拉松」的地方看看，真是委屈她了。

就這樣以一年一到兩個六大馬的速度，我完成了四項，其中紐約去了兩次、芝加哥和波士頓甚至各去了三次，如果你說我是為了「完成六大馬」，那大可不必這樣。與其說是想要拿到六星獎牌，我更希望是去這些城市看看、親自去參加這些比賽。六大馬之於我，是要花時間深入走訪街巷、感受城市裡民眾的文化和溫度，而不僅是像拼圖一樣，湊成一個成就而已。

講實在話，如果有一天跑完六大馬也不會頒發六星獎牌，我保證還是會去完成它們的，就因為我想去參加這些比賽，也許我會因此更想去完成它們也說不定！至於是不是有一天它會如傳聞的變成七大甚至九大，我就不是特別關心。如果真的成

六大馬之於我，是花時間深入走訪街巷，感受城市裡的民眾文化和溫度，而不僅是像拼圖一樣，湊成一個成就而已。

真了，那第七、第八、第九個城市應該也有它引人入勝的地方吧？至少我是這麼期待著，希望是美國以外的地方，那樣我就更有理由去世界的其他地方看看。

以一個跑者的身分去旅行是幸福的。

我每到一個城市，總喜歡在入住旅館之後，就立刻換上跑鞋到附近繞一趟。我曾在比利時的布爾日待過幾天，那是一座古老的城市，複雜河道和城牆有如細緻的裙襬，一層層擴散出去。到布爾日的第一天，我立刻就換上跑鞋沿著河濱跑了 3 公里，非常痛快。隔天我起了個大早，在杳無人煙的街上又一個人跑了出去，左拐、右拐、發現景色越來越陌生。當時我手上沒有手機，但心想照著原路回去應該也不成問題，於是就繼續向前跑，沒想到這一跑還真讓我吃足苦頭。大概足足花了三倍的時間、跑了兩倍的距離才回到下塌的旅館，原因是我根本不記得旅館的名字，問路也無從問起。才剛剛從床上醒來的太太，聽了不禁哈哈大笑。

以一個跑者的身分去旅行，也是辛苦的。

賽前三天就要開始精算步行距離，賽前兩天要注意吃的東西，賽前一天如果有選擇的話，我寧願待在旅館不動。我記得東京馬拉松的前一天，當家人們歡欣鼓舞決定要去築地市場參

觀，我就打了退堂鼓決定一個人在房裡休息；當大家開開心心吃著炸牛排的時候，我又默默把牛排挪了三分之二，跟太太換了半碗飯回來，因為我在進行肝醣超補。我相信每個認真對待比賽的人都有過這樣的經驗，雖然說是「旅跑」，但你的心思終究在「跑」上，直到跑完了才能真正開始「旅」，可是腿也早就痠到走不動了。

　　透過跑步和旅行，我拜訪了很多可能從來沒有機會到達的地方。雖然前面看起來像在抱怨，但整體來說還是很榮幸能以「跑者」的身分去旅行，而我也會繼續這麼做的。

# 2

## 在艱難的環境
## 逼出強悍的自己

RUNNING LIFE

　　清晨六點在踏出旅館時深呼吸了一口氣，呼出的白霧緩緩消失在寒冬的初曉，肺部彷彿隨之凝結，我隨著其他包裹著一層層衣物的跑者，步履蹣跚搭上前往終點線的地鐵。列車駛過查爾斯河畔時往窗外看，白茫茫的霧色中狂風怒嘯著，毫不留情的下馬威，一樣的地點，卻與村上春樹描述的跑步天堂儼然是兩個世界。

　　我再次拉緊輕便雨衣的衣領，轉頭跟身旁的跑友抱怨：「如果這換作是其他比賽，我想我應該會選擇棄賽了。」雖然說跑者沒有選擇天氣的權利，但是這麼糟的天況，在過去幾個月的訓練之中一次都沒有遇見，這裡要特別聲明，我可不曾因天氣不佳而逃避訓練，一次都沒有。

　　偏偏這場比賽是波士頓馬拉松，一場我最珍惜也最想證明自己的比賽。我有時候會懷疑自己一生的好運是不是在跑進破三的那一刻就用完了？要不怎麼會在去年的波士頓馬拉松遇到炎熱艷陽、今年捲土重來又遇到寒流豪雨？兩種極端的氣候，

一樣複雜的心情。

鵝黃色的校車一路在大雨中行駛著，越接近起點時，路旁覆蓋著冰雪。抵達 Hopkinton 選手村的景象讓人難以置信，有人形容得很好：「難民營」。帳篷旁的草皮被雪覆蓋，而選手休息區的帳篷內，地面早已被踩成了一團團爛泥，我們用紙板圍出克難的位置，幾個人擠在一起取暖，勉強把雙腿抬離濕漉漉的路面，可是腳趾早已凍僵。起跑前我跟身旁的隊友只說了一句：「別想追求成績，記得安全第一。」我從包裹裡拿出嶄新的鞋襪，偎著牆角換裝，扔掉了舊鞋然後往寒風裡走去，真的好冷。

今年的觀眾比起去年整整少了一半，不過能怪誰呢？連我都想待在家。不禁佩服起還能鼓起勇氣出門加油的他們，要不是我早已繳了報名費……連經典的 F-15 戰鬥機都因為視線不佳，取消了飛過起點的表演。

比賽終於開始，跑了 20 多分鐘之後，身體似乎溫暖了一點，我甚至動了脫掉外衣的念頭。今天一反常態，我除了隊服背心，還套了一件跑步短袖、最外層再加上一件臨時在會場添購的防水外套。光是昨天一整天，我就看了不下十次天氣預報：「起點 4 度，東北風 26km/h，降雨 2 公釐，體感負 4 度；終

點 6 度，東風 56km/h，降雨 4 公釐，體感負 5 度」簡單來講就是「全程爆冷」。號稱防水的外套在這樣雨勢下起不了作用，徹底吸收了雨水而貼附在身上、成為沈重的負擔。我拉了兩下衣領，決定還是把衣服保留著，同時天空掉下了一顆顆的冰珠，擊打在身體上發出巨大的聲響。

今天的速度一直都不好，與其說是在比賽，更像是全力拚命活著。2 小時 40 分附近的跑者並不算多，在強風侵襲下，大家一言不發變成了一條縱隊隊形。前頭的總是幾個勇猛的大漢，撐不住了就會落隊，隨即下一位就頂上去。這個態勢一直持續到了半程，有如沈默的行軍。

跑了 26 公里即將進入牛頓四大坡，我想著先好好吃個能量膠，伸手去背後的口袋掏，掏了三次卻死活掏不出來。我的手指凍得發疼，口袋又因為下雨捲曲得歪七扭八，怎麼樣我就是拿不出來。當下已經餓得頭昏腦脹，索性直接站在原地，費了好大的功夫，才總算把膠拿出來吞下。

接下來的狀況雖然沒有好轉，但是我已經「習慣」了。也因為前半程一直在相對保守的速度，正當周圍跑者一個個開始撞牆、減速時，我保持著一樣的速度，反而不停在超前，不知道超過了多少人。剩下最後 3 公里時，心中稍微算了時間，要

加速到 3:53/K 才能跑進 2 小時 45 分。

　　2 小時 45 分是另外一場六大馬——東京馬拉松的次菁英申請標準（國際田聯的金、銀、銅標賽事，或 AIMS 認可的賽事成績），也是我一直夢寐以求的目標。當下我做了當時看似大膽、實則魯莽的決定：脫掉幫助我保暖兩個半小時的防水外套，然後又一不做二不休，再脫掉短袖上衣，僅剩下BURN紅背心。我暗自決定無論如何都要帶著隊服過終點，兩旁的觀眾被這個突如其來的舉動所鼓動，朝著我吶喊、振臂高呼！

　　錐心刺骨的寒風襲來，刺痛了我的雙臂、冰凍了我的雙唇。可是此時我終於感到真正的解放，不再覺得全身都是水，也不再覺得腳步沈重，在周圍跑者都在體力崩潰邊緣時，我彷彿脫韁的野馬，不知何時會崩潰但享受著每一刻的真實，也就是這股真實的疼痛，讓我明白這一切並不是做夢，而是正在實現一個去年未能完成的夢想。在計時器停留在 2 小時 44 分的瞬間，我完成了衝線。隨後在志工的幫忙指引下，回到了飯店，在大廳呆坐了 10 分鐘後才終於回過神來，撥了電話給久等的太太：「我終於在六大馬跑進 2 小時 45 分了，我們去東京吧……！」

隔天的波士頓艷陽高照，彷彿昨天的冰雪歷險就是一場老天爺開的玩笑。我跟路上每個掛著獨角獸獎牌的人點頭致意，他們回以苦澀的微笑。2018 年波士頓馬拉松是一場刻骨銘心的記憶，這年幾乎所有的非洲長跑好手都中箭落馬，男子冠軍由市民跑者川內優輝意外取得。

　　但是真的意外嗎？其實川內優輝這種堅韌的毅力，一年到頭無論寒暑都能有穩定的表現，也許就是讓他終於在一個所有人都無法忍受的環境下，精彩的證明了自己，也許這就是馬拉松所教會我們的事。

　　英文有句俗諺說："A bad race does not make you a bad runner."（一個糟糕的比賽並不會讓你成為糟糕的跑者）在這場比賽之前，我在六大馬已經挑戰了全馬 2 小時 45 分好幾回，每每都與目標擦肩而過。從芝加哥、紐約、再次回到波士頓，賽前一天看到糟糕的天氣，難免還是怨天尤人，但最後我還是跟著兩萬多名同樣勇敢的跑者踏上了賽道，在最艱難的環境下表現出最堅強的自己。

A bad race does not make you a bad runner.
2018 波士頓，完賽成績 2 小時 44 分 11 秒

# 3 基因再好，
不下功夫就是零

　　我常常把競技運動、特別是耐力訓練比喻成「懸崖邊的高空鋼索」，因為即使前進得很慢、全神貫注還是不免會因為一些風吹草動而搖搖晃晃、一個搞不好就會摔得粉身碎骨。耐力訓練說穿了就是恢復力的訓練，所以不來「徹底恢復」這一套。在我自己訓練全馬週期中的每一天，老實說腳總是痠的，只是程度差別而已。但是怎樣的痠是合理？怎樣其實已經是痛、快受傷了？其中的判斷就需要很多經驗跟知識的累積。好的教練和防護員可以幫助你觀察，但沒有的話那就得自求多福、多靠自己。常常會有人問我：怎麼做傷後的復健？但其實我總是喜歡先反問：怎麼不讓自己受傷？

　　別誤會了，我不是說受傷一定是你的錯，但如果你知道規劃不良的訓練會受傷、過高的出賽頻率會受傷、營養不均衡偏食會造成肌肉跟骨骼的脆弱而受傷、差勁的生活習慣會讓體力跟精神受影響而受傷，那是不是應該要盡力避免這些事？如果你自認一切都做對了但還是受傷，也沒什麼好怨天尤人的，就

當作是老天給自己的一次考驗，好好針對自己的弱點做分析，該求助、求醫的就好好低下頭，不要鐵齒。

　　刮別人鬍子之前我先刮自己的：2017 年在我訓練最高峰的時候，我傷了一次阿基里斯腱，整整五天一步都沒法跑，花了三週時間才復原。在那之後，我請教了專業的協助，了解受傷的原因之後並在傷後加強復健，從此每週做三次腳踝肌力訓練避免患處再度復發。又例如有一次我在比賽中傷了腿後肌群，之後就把橋式放進肌力訓練裡。這些動作雖然不保證你以後不會再傷到同樣的部位，但是明知道自己弱點在哪，怎麼做會受傷卻假裝看不見而不去加強，那就是不負責任。

　　思想家塔雷伯（Nassim Nicholas Taleb）有本著作叫作《反脆弱：脆弱的反義詞不是堅強，是反脆弱》，書中有個概念是這樣的，世上的事物依照特性可以分為脆弱（Fragile）和堅固（Robust），脆弱的東西摔了就碎，而堅固的東西無論怎麼摔都摔不壞。除此之外還有一個叫反脆弱，它的概念是脆弱的相反，經過打擊之後它不只不會壞，還會因經過淬煉而變強。什麼東西是反脆弱的呢？就像你的肉體。如果你今天開始做伏地挺身到力竭、一下都做不下去，你可能會暫時不舒服。但是經過休息，隔個幾天之後反而會更強壯；還有什麼是反脆弱的？

比如你的心智。失戀、不得意、失敗，這些壓力在當下會造成很多負面情緒，但是經過了一次次的考驗，人的心智會因此成長。塔雷伯相信人類是一種反脆弱的生物，因此刻意離開舒適圈，把自己暴露在一定程度的風險跟變異之中，才能獲得刺激而成長，才有機會變得更強。如果你每天都是規律的生活，幾點到了就做什麼事，那你終究會變得脆弱，一旦發生變異就會受不了。

但是要記住，變異跟風險也不是越多越好。反脆弱有兩大原則：第一是「恰好的」刺激，第二是「足夠的」恢復。如果不斷的刺激卻沒有足夠的恢復，終究還是會超越人體負荷而徹底崩壞的。拿跑步來比喻，適當的刺激是好的，但也要給身體足夠的恢復時間。同時也要留意心理的狀態，如果每天一早醒來都覺得「好煩，我真的不想練了！」那麼就該停下腳步，聆聽身體的聲音。

對於一個耐力運動員來說，最重要是你要保持一個長久持續的訓練、飲食和生活習慣，對於忙碌市民跑者尤為重要，因為除了訓練之外，更要兼顧工作與家庭和生活。

那麼，如何建立一個好的訓練習慣呢？以下是以我的經驗所歸納的幾點：

不要跟別人比較，每個人的歷程都不同，心態
上你更要相信，現在的自己不會是最好的，而
總是存在一個更好的版本。

1. 合理的訓練課表：不要躁進、不走偏門、按部就班穩定累積，平凡課表中要存在不平凡的挑戰。

2. 理想的出賽頻率：每年至多兩場全馬賽事，搭配一至兩場半馬比賽，這對大多數市民跑者是可以負擔的範圍。如果賽事安排比這更頻繁，千萬不能每一場都全力以赴，而且一定要作賽事分級。

3. 明確的目標制定：練到哪就跑到哪，比賽成績只是訓練結果的驗收，但不要明明沒有練到位卻畫一個幻想的大餅，最後沒有達成傷身又傷心。

4. 平衡生活的裡外：你需要上班、要照顧家庭、處理生活的開支之餘還要練習跑步，有時候不免犧牲了訓練，但是一定要先好好照顧自己，才能照顧別人。

5. 始終要享受過程：訓練雖然時不時會帶點痛苦，但整體的經驗還是開心的，不要因為訓練而討厭跑步。

　　每個人對於跑步的自我期許都不同，無論你是跑健康、跑成績、還是單純享受跑步的樂趣，其實都非常好。但是如果你有一天對成績有了追求，那就要好好規劃自己，怎麼樣用比較有效率且安全的方式，一步步接近自己心中的目標。更重要的是千萬不要跟別人比較，每個人的歷程都不同。心態上你更要

相信，現在的自己不會是最好的自己，而總是存在一個更好的版本。看到別人的出色的表現，我們就好好欣賞並且給予掌聲。

我曾經認識非常有天分的跑者，但你仔細看他背後付出的努力，絕對不比任何一個人低。很多天才型跑者甚至會背負過多的期待，而常常被認為跑不好是對不起自己的天分，那種壓力是平凡人如我們無法想像的。

無論一個人的天分高低，成績都不是憑空得來的；因為即使基因再好，不下工夫就是零。

# 4

**直到最後一刻**
**我都沒有放棄**

RUNNING LIFE

　　住台灣的多數人往往以為加州四季如春，但其實冬天的北加州還是滿冷的。我很常需要在天亮前摸黑訓練，最冷的時候會是攝氏 2 度，要經過 30 分鐘的暖身，太陽才會緩緩升起，這時你才看得清楚，流出的汗水在一瞬間就變成了薄霧，過去幾年的冬天我都是這麼過的，幾乎沒有改變。

　　「每天早上起床，我想的不是跑與不跑，而是跑什麼、跑多遠」。暴雨寒流、烈日霧霾，當朋友還在問：「今天要不要跑？」對我來說，不跑根本不是個選項。很多人說他喜歡跑步，而去年 365 天中我跑了 350 天、合計 6500 公里，平均一個月休息一天，我想我是真的很喜歡跑步。

　　為什麼要這麼辛苦？很簡單，因為我有想做的事。第一：台灣長跑競技網全馬男子百傑，也就是台灣有史以來全馬最快的一百個人；第二：我想在家人面前，跑一場對得起自己的馬拉松。這兩件事因緣際會下在最後變成了同一件：2019 年東京馬拉松。

我在 2018 年的波士頓極度惡劣的環境下,以 2 小時 44 分 11 秒完賽。當時天寒地凍,我跑到四肢毫無知覺、齒牙打顫,而唯一支持我在最後關頭沒有掉速、甚至奮起加速的,是我知道有一個東京馬拉松次菁英組名額,只開放給全馬 2 小時 45 分以下的海外選手。「終於可以跟家人一起去日本了!」那天通過終點線後,我大喊著。

　　2019 年三月東京馬比賽當天,我提前了 90 分鐘進入起跑準備區卡位,寒風中席地而坐的跑者大約只有三排,看來還是到得太早了。遠遠看到幾位熟悉台灣跑者的面孔,分別是陳囿任、曹純玉、陳秉豐跟張芷瑄,跟他們短暫寒喧之後,我離開人群找了個偏僻的位置坐下,才發現右邊的跑者又是一位久聞大名的優秀好手:宜運間歇團團長陳維慶。我們聊得很起勁,然而在賽前半小時突然下了場大雨,我看著漸漸浸濕的鞋襪不禁嘖了兩聲(你知道這是我第幾次比賽遇到下雨了嗎?)只好說服自己反正也不是第一次,一旦跑起來就沒事了吧!

　　回顧我的最佳成績,2014:3 小時 39 分;2015:2 小時 59 分;2016:2 小時 44 分;2017:2 小時 39 分;2018:從缺。這個賽季我練得並不順利。去年是練得最勤奮的一年,但除了波士頓以外,年底的芝加哥馬拉松也僅跑了 2 小時 40 分,除了贏得來東京的機會,在最佳成績卻是空手而回。芝加哥後我休息

了不到 3 週，緊接著又投入東京馬的訓練，相對短的週期下顯得還是有些急躁，遇到腳踝傷勢的困擾，每次發作都得中斷幾天。我很明白「沒有完美的練習」這個道理，但感覺訓練上就是缺了那麼一點，不過目標沒有變動，依舊期待這一場能發揮全力一舉敲開百傑的大門。

隨著日本國歌響起，跑者們不約而同從冬眠中甦醒，從每個角落中站起來。氣溫：攝氏 5 度；降雨：100%。好久沒比賽了，不只、是好久沒跑這個配速了。每場比賽開始的前幾分鐘，我總覺得有點輕飄飄、摸不清楚自己當下是什麼狀態、配速，是不是能夠維持下去？美國之外的馬拉松比賽就沒有英里單位，我只好學著看公制的 5 公里配速，預期每個分段跑在 18 分到 18 分半之間。

第一個 5 公里分段是 17:59，告訴自己即使感覺好還是要壓著，下一個 5 公里就回到預期配速的 18:18、接著是 18:23、18:18，一絲不苟通過了半馬線：1:17:04。可是當沿著都營大江戶線往北的原路折返，才發現原來剛剛往南的路程是一路順風，往北返回的路上，集團有點被逆風吹散，延伸拉長成三三兩兩小人群跑在一塊。這也是第一次覺得體感出現了異常，不確定是不是空氣寒冷的關係、換氣不順利、右側隱隱腹痛，我急忙集中精神做了幾次腹式呼吸。

逆風下單打獨鬥實在太辛苦了，我望著前方的小集團但趕不上去，正煩惱時，背後突然出現急促且混雜的腳步聲，看來是有一個龐大的集團接近中。撇過頭看了一下，大約是 15 人的大集團，而且令人更大吃一驚的是，帶頭的居然是陳囿任跟曹純玉。兩人身著半截式透明雨衣，在風勢的吹拂下啪啪作響，有如急行軍般追擊著一個個在風雨中落單失速的跑者。我一下精神大振，抓到救命稻草般不假思索就併入了大集團，然後一起通過了 25K 的藏前一丁目：分段 18:44，我告訴自己別著急，比賽才剛過一半，下一個 5 公里，分段略回升到 18:30。

30 ～ 35K 由銀座跑向品川，途中會經過跟家人約定好的增上寺前，這時候我隱約覺得硬跟 235 的配速列車有點勉強，反正我目標終究只是 237，於是降速離開了集團，分段 18:44。直至此時過了 2 小時 09 分的風吹雨淋，輕鬆的體感也不復存在。眼前要跑的時間剩不到半小時，我腦中浮現那句至理名言：「沒有人在 35K 後是輕鬆的」，接下來品川後的折返至終點前會是一路上坡，我做好心理準備，準備接受挑戰！

當跨過最後折返點的那一剎那，還是一下子被迎面而來的大風給震懾了，幾乎身邊的每個人都在此時不約而同掉了速，如果剛剛還有任何小集團、在此時也瞬間潰不成軍，我急切尋

找可以同跑的對象，卻發現即使自己的速度已經降了不少，卻還是附近跑最快的。那種「附近沒有人跑得比我快，但我很清楚自己並不快」的感覺讓我很慌張，因為就算我不停在超越人，時間卻一分一秒在流逝。我告訴自己冷靜下來，並不感覺身體有什麼明顯的疼痛，但是力氣就是上不來，身體的大部分能量在這風雨中不斷被剝奪，在此刻油盡燈枯，低溫跟風雨造成身體能量不足的缺糖反應，讓我一度腦袋空白、腳步也隨之踉蹌。撐著到了 39K，也就是跟家人最後約定的地方，我只能用眼角餘光搜尋他們的位置……

我看到這個月要過 65 歲生日的老爸，站在寒風中大喊著我的名字，旁邊還有拿著手機拍的姊姊跟太太。我心中一陣感激，馬拉松從來不是自己一個人的事。但在這緊要關頭，我清楚身上的痛苦沒有人可以替我分擔，終究還是得靠自己回去。我哭喪著臉、面露難色的向那個方向點點頭，告訴他們我很痛苦，但是絕對不會放棄。

最後的 2.195 公里，在此時感覺無比巨大。日比谷駅右轉後，來到最後的丸之內石板路上，腦袋有股巨大的衝動，轟隆隆地叫我停下來，這是當身體超出極限時，產生的自然保護機制。不過與此同時，心裡有個清晰無比的聲音在對抗：「千萬

風真的很冷，無情的雨全程伴隨，
渾身早已經濕透，在終點前 100
公尺，我已經筋疲力盡。雖然沒
有達到自己原本設定的目標，但
到最後一刻我都沒有放棄。

不要停，一旦開始走路，你就不可能再跑了！」丸之內上兩側夾道的人群中央，出現了一條寬廣的路。灰濛濛的陰雨天下，我使勁看還是不到終點線，但心裡知道就快了。幾位台灣朋友街旁大聲呼喊我的名字，大概也看出我有麻煩了，很貼心的沒說目前時間，只喊著讓我堅持下去。我眼神無法離開正前方，只能堅定的點點頭，關節咯咯作響，雙拳已緊握到發紅。前方的轉角出現了最後一個計時器，我看了一眼，暗暗的希望還有機會── 2 小時 38 分！我知道，百傑已經離我遠去，但還是有一拚個人最佳的機會。身上的每一絲肌肉都在抽痛、大口喘氣也止不住心跳飆升、更別說打從半小時前就徹底缺糖、一片空白的腦袋，但我說什麼都不能停。

2019 年 3 月 3 日正午 12 點，我永遠會記得這一天，在東京都和田倉門前，風真的很冷、無情的雨越下越大，然而一個個筋疲力竭的跑者，燃燒著他們的靈魂、榨乾身上最後一滴能量，三步、兩步、一步……笑著、哭著、振奮著、感動著，通過了終點線。2 小時 38 分 58 秒，是我的最終成績。

You tried. You didn't make it. And you try again. 這是我賽後寫給自己的話。

訓練、賽前整備、當天的條件、比賽當下的心理狀態跟策略，馬拉松要跑出最佳成績是一件環環相扣的事，很多時候即使你一切事情都做對了也不一定能跑出好成績。但至少這次我可以很誠實地面對自己，我已經做到了一切能做的事，而且更重要的是，直到最後一刻我都沒有放棄。

我是一個 23 歲開始跑步、25 歲初馬、28 歲站上波馬起跑線、30 歲想要挑戰全馬百傑的市民跑者。而我深信這個夢想總有一天會成真，不是這次，就是下次。

# 5 跑步教會我的事

　　當我回想起這一切時，還是覺得很不可思議。跑步在我隻身前往美國讀研究所、壓力最大的時候幫助我度過了難關。隨後在離開匹茲堡、搬到西岸舊金山灣區時，又成為我與其他人聯繫的共同語言。幾年下來，我時常會覺得跑步是發生在我身上最幸運的事，無論是外在或者內心的轉變，都是顯而易見的。

　　最明顯的是，我體能變更好了。我自小就是一個喜歡運動的人，但是退伍後在台灣科技業工作的那短短一年，養成了一些壞習慣。也許是加班或者壓力大，吃的東西不固定加上運動量小，我體重曾一度到了七十多公斤。那時我也沒真當一回事，就覺得：「啊，就是年紀到了吧？」也不管其實也才⋯⋯二十三、四歲。

　　跑步對我來說是一件需求門檻很低的事，它不大需要夥伴、獨自練習也可以，沒有太多場地的限制，無論是操場、河濱、山路、甚至是街旁都可以跑。漸漸一週兩三次培養起了運動習慣，體能的進步是明顯的、以往常出現的小感冒、腰痠背

痛越來越少了。

到後期跑步變成了興趣，並且有了追求馬拉松成績的目標，養成自律的生活習慣就更為關鍵，時間規劃的能力在潛移默化中形成。我每天醒來第一件事，不是想著跑或不跑，而只是跑多遠與跑多久，對我來說，不跑步根本不是一個選項。因為跑步成為我生活中重要的一環，所以必須排定在一樣的時間先把訓練完成，然後就可以安心去做其他事了。每天訓練的時間最多就是 60 到 90 分鐘，怎麼做到呢？壓縮一點摸魚的時間、減掉一些猶豫的時刻，就可以不太費力的維持。

跑步也在某種程度上改變了我的個性，或者說至少是促進個性轉變的催化劑。

剛開始跑步的我，是非常少不經事且咄咄逼人的。可能是少年得志大不幸，那時候跑步和工作上取得了一些成功，便覺得好像沒有克服不了的困難，只是願不願意去做而已。有時甚至會覺得別人若沒有取得一樣的成績，就會去質疑對方是否有付出對等的努力。

這兩年來，隨著進步曲線漸漸趨緩，除了追求字面上的成績之外，也常會思考跑步對我而言還能有什麼樣更深層的意義。同時也因為遇到了各式各樣不同人物的分享，試圖去接近、理解每個人都有僅屬於自己的難處，若以自己的標準和觀點去

評論其他人，是一件非常容易出差錯的事。現在的我，比起五、六年前少了一點鋒芒，但多了一點感激。

我不知道你們怎麼想？但我喜歡這樣相對溫潤的自己，這大概是每個人必經的過程吧，明白不是所有事情都能盡如人意，但還是要以善意面對這個世界，常常自省且多一點同理心。

在這本書出版之前，我剛跑完了一場比賽：2019 芝加哥馬拉松。賽前預估最佳情況是跑進 2 小時 35 分，不過最終沒能達成，只以 2 小時 39 分 51 秒完賽，無緣在書出版之前踏入百傑之列。

賽後這幾天，我獨自想了很多事，想了自己對於馬拉松未來的走向、也想了到底還能提供什麼東西給讀者。因為老實說，我並沒什麼了不起的。

說到個人成績，可能比一般市民跑者好上一點，但每次出賽都很清楚，不用說職業選手了，就連半菁英跑者都還差上一大截。說到訓練知識，坊間也有不少願意分享的教練，我懂的不如他們深刻、經驗也不夠豐富。

我試圖想著自己有什麼特別，想了好久好久……然後在那個沈默且尷尬的瞬間，似乎想通了什麼。

我必須老實承認，其實我就跟大家一樣就是個普通人而已，像每個人一樣，生命中自然會有某些發光發熱的時刻，但那並不總是發生，更多時候是像現在這個樣子拚了命的努力，最終結果差了一點。

我問自己：會覺得遺憾嗎？這種努力到盡頭，卻不一定能得償所願的感覺？

五、六年前的我可能會，但現在更多的是坦然。除了追求成績之外，在每一天訓練的過程、與夥伴共同奮鬥的點滴、甚至是賽後與大家分享的心境，這一切的組成才是馬拉松的整體，並非僅僅是那 42.195 公里的賽道而已。

我可能沒辦法成為什麼特別勵志的例子，因為我本身也不是一個特別成功的人，但至少**這樣普通而平凡的我，還是可以擁有努力的權利。**這過程不是為了證明自己有多特別，而是可以讓其他一樣平凡的人，繼續相信自己的努力有價值。那可能就是這本書能提供的，微不足道的意義吧。


跑步筆記的部分，就到這裡告一段落了。接下來我會轉換到另一個身分、戴上理性的面具，來談談從初馬 4 小時 49 分到現在 2 小時 38 分的過程。

不過在此之前我還是要再次強調一次，每個人都有自己發

展的歷程與故事，跟著我的腳步走，你也不一定能得到同樣的結果。但我希望能夠最忠實呈現一路走來的樣貌、包括曾經犯過的錯、踩過的坑，然後你們就可以走得更穩了。

**PART 2** 跑步訓練

# RUNNING
# TRAINING

# CHAPTER 4

# 除了雙腿，
# 這些也很重要……

跑者在每一次的練習，
必須清楚自己練習的重點是什麼、
要達成什麼目標，透過長短期的規劃，
一步一步穩定朝正確的方向達成自己的目標。

# 1 跑步裝備

　　各種運動都有相適的衣物裝備，這些裝備不只是好看，最主要是它的功能性可以幫助運動者有更舒適、更佳的表現。現在台灣能購買到的運動品牌已經非常豐富了，常見的大牌如 Nike、Adidas、New Balance、Mizuno、Asics……，也有不少小眾、品質優良的品牌，這些琳瑯滿目的產品，到底該怎麼選擇才是正確的呢？

## 依據天氣狀況

　　台灣的天氣是夏季濕熱、冬季濕冷。

　　悶熱的夏季必須選擇排汗良好的服飾，一般運動服會混入人造纖維以達到排汗效果，不過要注意自己是不是對特定的材料過敏；同時，並不建議穿 100% 純棉服飾，因為純棉不利於排汗，除了悶熱以外，還很容易造成皮膚的摩擦紅腫、破皮。

　　冬季衣物排汗也是首要考量，除此之外更可以考慮帽子、手套等配件禦寒，因為身體的熱能容易從四肢末端流失。下雨

天時可以考慮穿著輕薄的防潑水防風夾克，以容易穿脫為主，方便熱身後脫除，以及跑後收操的保暖。要特別提醒，即便是冬天，也不宜穿太多，因為跑步的過程會產生大量熱能，穿太多的話有可能會因為太熱而跑不下去。

## 壓縮衣物

過去十年來壓縮衣物（如壓縮衣、壓縮褲、腿套等）的興起也是一大趨勢。我曾經嘗試過不少壓縮衣物品牌，有喜歡的、也有不習慣的。個人對於壓縮衣物的感想是：排汗快、減少皮膚與日照的直接接觸，因此可以避免日照曬傷，但由於減少了皮膚跟空氣的接觸面積，透氣效果難免會稍微差一些。

另外特別注意的是有許多壓縮衣物聲稱有減緩疲勞、幫助恢復、甚至增加運動表現的效果。就我自己的了解，到目前為止並沒有任何足夠樣本數的獨立研究，可以證明壓縮衣物對於運動表現以及疲勞恢復的影響，無論是正面或是負面。在研究更新以前，我還是建議穿著壓縮衣物與否，可以依個人習慣而定。自己試試看，也許對個人有效，但不需要跟風購入。

## 跑步鞋

身為一個跑者，擁有大於一雙跑步鞋是很合理的！我推薦

入門跑者一開始可以透過足型測定以及試跑，找到一雙自己可以持續跑 30 ～ 40 分鐘不會明顯感覺到疲勞或是疼痛的鞋。進階跑者則可以依照不同需求，例如路面、配速、距離等分別有不同的鞋款對應。以我自己為例：

1. 輕鬆、恢復跑（高支撐、高緩衝，重量重）：這類型的鞋款會提供足夠的保護，讓腳在疲勞的情況下不會承受額外的壓力，例如 Mizuno Wave Rider、Adidas Tempo、New Balance Beacon 等鞋款。

2. 長跑訓練鞋（中等支撐、中等緩衝、重量輕）：提供適當的反饋、並且有著經過長時間大底不容易變形的特性，例如 Adidas Adios Boost、Nike Vaporfly 4% 屬於這一類。

3. 速度訓練鞋（少支撐、幾乎沒有緩衝、重量極輕）：輕薄而反應迅捷、抓地力優良，但由於缺乏足夠緩震，不適合用來跑過長的訓練或者硬的路面，我偏好在操場的間歇訓練使用，例如 Adidas Takumi Sen、Asics Tartherzeal、New Balance Hanzo 系列等。

全馬比賽鞋我一般會以長跑訓練鞋、或是節奏跑訓練鞋為主，例如 Adidas Adios Boost 以及 Nike Vaporfly 4%，就是我個人穿過而且喜歡的比賽鞋。

跑鞋的耐用度各異，一般落在 600 ～ 1000 公里左右。但是依照跑者個人習慣，有些人會磨損特定部位，有些人則是對於跑鞋的彈性要求比較低，因此會有個緩衝區間。建議除了依照鞋底、鞋面的外觀去決定跑鞋是否需要更新外，現在大部分的 APP 在登錄里程時，也都能一起輸入跑鞋的訊息，由此也可以更客觀追蹤每一雙跑鞋跑了多久、需不需要更換。

　　上述的鞋款純屬個人使用習慣，跟每個人的跑姿、肌肉力量、跑步速度都有關係。建議還是要透過不斷的嘗試，才能找到最適合自己的跑鞋，並且在不同的場地可以搭配不一樣的鞋款，以發揮最佳訓練效果。

## 賽前裝備一定要試用

　　在比賽之前才更換新的裝備是大忌！每件衣服、褲子、甚至鞋子都有其設計的優缺點，適用於不同的場合，但是都需要磨合期。就像很多人購入新衣服會先過水洗過一次，跑鞋至少也要在訓練中穿過 2 ～ 3 次才建議上賽場。唯一例外是，如果這個裝備你已經穿了很多組、非常熟悉並且沒有磨合問題，才考慮直接新裝或者新鞋上場。

　　我一般會在賽前兩週穿著比賽當天的裝備，包括衣、褲、襪、帽、鞋整套進行最後一次的大約 2 小時的長距離訓練作為

服裝賽前模擬，在這之後也能大幅提升信心。另外根據個人習慣，其他配件如：手巾、太陽眼鏡、能量膠等也是納入考慮的清單。

全馬比賽中，由於人體儲存的肝糖儲存量只能提供耐力運動 60 分鐘左右的能量，所以在超過 80 分鐘以上的耐力比賽，都會建議使用能量膠作為熱量補充。能量膠除了最直接的醣類以外，還含有電解質以及少量咖啡因。我個人習慣兩個美國的大牌子：GU 以及 Honey Stinger，台灣也有相對應的廠商有販售能量膠。不過要記得，有些人第一次吃能量膠難免會有口味不習慣的問題，建議搭配水一起食用，而且比賽前一定要先試用過！

## GPS 手錶以及運動 APP

### 1. GPS 手錶：

我一共使用過四支 GPS 手錶：Garmin Forerunner 310xt、Forerunner 225、Forerunner 235、Forerunner 945。使用 Garmin 的原因一者是因為它是台灣品牌、再者是它在 GPS 運動手錶的領域確實也是領頭羊。不過其他的品牌例如 Polar、Suunto 也受到很多跑者、特別是越野跑者的喜愛。GPS 的手錶的定位準確

且快速，電力足夠、支援心律測定，以及可靠的軟體後台分析。現在用 GPS 手錶訓練已經是主流，除非你總是待在操場上計圈，不然依照自己的需求及預算投資一支好用的手錶，還是滿值得的。

## 2.APP

我比較常使用以下兩個 APP：Garmin Connect 和 Strava。前者搭配 Garmin 系列產品使用，好處是使用者介面簡潔明瞭。另外也可以在上面設置訓練，例如間歇跑、配速跑等。而從騎單車起家的運動社群 Strava 總部位於科技新創匯集的美國舊金山，通常可以期待最新的功能與分析都能在上面率先用到。同時它結合社群的方式，也能讓跑友或者車友即使原先互不相識，也能因為參與了同一場比賽而成為戰友，進而分享彼此的訓練。

身為一名跑者，有多雙鞋子是很合理的！我會依據跑不同的距離、場地選用不同的鞋子。
各家廠牌都有不錯的鞋款。

# 2 賽事與訓練的長短期規劃

RUNNING TRAINING

　　一個完整的全馬訓練週期通常是 16 到 20 週，也就是四個月左右。以職業選手為例，一年只會選擇參加兩場的重點賽事，間隔四到六個月不等。這是因為對於職業選手來說，全馬的訓練週里程動輒達到 150 到 200 公里，即使是訓練有素的選手，也沒辦法長期週而復始的承受這樣的高壓訓練。市民跑者雖然跑量不如職業選手高，也必須作為借鏡。

　　我通常建議市民跑者每年的全馬出賽頻率以兩場為限，其他時間可以參加一些距離較短的賽事如半馬或是 10 公里賽等。有些跑者偏好在休賽季轉換到越野馬拉松，那也是可以考慮的方向。

　　有些人會問，參加一些「跑好玩」的比賽也不行嗎？

　　我覺得所謂「好玩」的比賽可以參加，但是要注意兩點：第一是你會不會不小心陷入比賽的情境當中，而不由自主的「認真」了。這包括與其他人的較勁，或者就是那股我都來了，怎麼可以不好好跑的情緒。如果是這樣的跑者，那我建議最好

的避免方式就是控制報比賽的數量。第二點，無論是不是跑好玩的，全馬就是 42.195 公里，而這是一個對於人體負荷非常大的距離。前幾年我甚至會去當全馬 3 小時的配速員，這速度對我而言一點都不勉強。然而，每次配速完一場馬拉松，所需要的恢復時間還是高達一兩個禮拜。這證明無論你自認跑得多輕鬆，負荷還是肯定存在。

## 長期規劃

這是指大於一年的計畫，例如，我在明年想要跑進全馬 4 小時、或是在兩年之後想要參加波士頓馬拉松等這類大方向的計畫，也比較偏向於一般人俗稱的「夢想」。當然這不是畫大餅，而是讓自己確定一個方向。

假設某人目前參加過半馬，最佳成績 2 小時 30 分，而目標是全馬破四。那這樣的目標顯然不是在短期內就能達成，所以他的重點應該放在「該怎麼做，才能朝全馬破四」的方向發展，內容可以包括：跑量累積、肌力鍛鍊、飲食調整、甚至是減重等等。

擔心目標太高、不實際怎麼辦？其實也沒關係，因為長期目標是可以調整的。無論是延長夢想實現的週期、還是調降目標的高度，總而言之，確保往正確的方向前進，就是長期目標

所需要關注的事。

## 短期規劃

指在一個週期的期限內，你相對有信心能做到的事。短期
規劃的制定必須明確，例如：

· 12 週之內，建立一週至少跑步三次、每次 40 分鐘的習慣。

· 16 週之內，減重並提升到可以跑全馬的體能。

· 20 週之內，增加里程至每週 40 公里。

· 12 週之內，加強肌力並鍛鍊跑步技巧。

· 進行 20 週的週期性訓練，以不停下來走路、無傷完成全馬
　賽事為目標。

如此把各個短期規劃組合起來，就可以變成一個長期規
劃。相反的，你也可以把長期規劃拆成不同階段的短期規劃。

### 這麼做的好處？

我之所以會建議跑者列出長短期計畫，是因為很多人面對
一個目標，總會不知道如何下手。以很多人夢想的波士頓馬拉
松為例，如果要跑進波士頓馬拉松，必須要達到規定的合格成
績，例如 18 到 34 歲男性需要跑進全馬 3 小時之內，才能取得

報名資格。

如果你是跑步新手，看著全馬 3 小時以內的標準，肯定立刻就嚇壞了。但如果我告訴你，經過妥善規劃跟執行，每個人都能有機會跑進波士頓馬拉松呢？

方式就是透過長短期規劃的彼此配合：先建立運動習慣、培養一個適合運動的身體；下一步是針對有氧耐力培養、再針對自己的弱點例如跑步經濟性、肌力不足做加強；最後是透過幾個完整的週期性訓練，一步步緩慢但穩定的達成目標。

身旁有太多例子了，無論是「覺得自己不可能，最後如願達成目標」的人，或者是「總覺得自己很有天分、卻遲遲跑不好」的人。**最大的差別，就是跑者在每一次的練習階段，是不是很清楚自己練習的重點是什麼，又要達成什麼目標。**

如果你只是想要建立運動習慣、跟朋友聯絡情誼，那當然隨便怎麼跑都行。但如果你的目標很明確就是波士頓馬拉松，那就少花一點時間在社交、多花一點時間在訓練、並且是有效的訓練上吧！

## 以賽代訓的誤解

很多朋友因為喜歡參加比賽，而會使用「以賽代訓」的方式，這個方法在比賽眾多的台灣又特別盛行。好處是：比賽強

度大、訓練質量往往比自己獨自訓練好。但缺點也非常明顯，要注意：

1. **比賽太密集，影響正規訓練：**很多人常常是覺得哪一場比賽好玩、或者是朋友約了就去，然後才在想自己原本的「課表」該怎麼調整，這是錯誤的。在規劃課表時，你就必須把每一週的訓練大綱都想清楚了，期間可以搭配一至兩場的以賽代訓，但不能以比賽為主軸。

2. **強度太大，影響恢復：**很多跑者在賽前都說是「以賽代訓」，結果一旦站上起跑線，就跟隔壁的對手殺個你死我活，這是人之常情。最後完全就變成比賽強度，而比賽強度的恢復時間往往是一兩週，也代表你接下來的一兩週質量訓練，大概都無法達標了。

　　要記得「以賽代訓」的重點終究是「訓」，而不是「賽」。因此如果你想要採取以賽代訓的訓練方式，首先你要先有完整的訓練大綱，之後才去找適合的比賽填入，而不是先用比賽塞滿，再來想其中輪空的這幾週，要練些什麼。

　　另外如果比賽當天情況不好，也要勇敢直接降里程或者降速。如果你覺得自己一到了賽場上，就無法冷靜下來，那解決的辦法很簡單：不要報這麼多比賽。

**分級賽事**

依據比賽強度或者目標，可以分級為 A、B、C 級賽，先區分賽事的重要性和功用，再來安排參賽規劃會比較適當，以下是簡易劃分：

**A 級賽**：目標賽事，整個訓練週期唯一重要，必須全力以赴的比賽。一般來說會選擇認證賽事、場地規劃佳、並且以能夠跑出成績為主。

**B 級賽**：訓練賽事，大概以 90 ～ 95% 的努力程度去比，目標是檢驗目前的訓練狀態，並達到有效訓練為主。

**C 級賽**：其它賽事，例如接力賽、配速員等等活動。不至於影響主課表，但可以讓身心有點緩衝。

如果是 20 週的全馬訓練週期，我一般會安排一個 A 級賽（目標賽事本身，如芝加哥馬拉松）；1 到 2 個 B 級賽（兩個半馬或一個半馬及 10K），在 A 級賽的前 3 到 8 週，作為狀態確認；C 級賽則是越少越好。

# 3 馬拉松訓練方式

馬拉松訓練是由幾個關鍵項目（workout）組成，你常聽到人家說的間歇、配速、節奏跑是什麼，對訓練有哪些好處，又該怎麼融入課表之中？弄清楚以下的概念，就可以看懂課表的規劃、能夠依照自我狀況調整課表了。

## 輕鬆跑（Easy Run）

輕鬆跑指的是在「可以交談的情況下，跑者輕鬆無負擔」的跑步速度，另外一個指標則是：「你覺得自己跑多久都行」的速度。

很多跑者會誤解輕鬆跑的重要性，覺得頂多只是填補課表間的空白，甚至可以不需要跑，但其實恰恰相反。馬拉松訓練中，輕鬆跑的里程是最關鍵且佔比例最高的一環。輕鬆跑相較於快跑，可以徵召更多的慢縮肌，而對於疲勞有更高的耐受性。同時，透過輕鬆跑也可以使慢縮肌內的微血管密度增加、提高血紅素濃度等，從而提升基礎有氧能力。

我自己的訓練中，輕鬆跑佔了總里程比重至少60%，並且將輕鬆跑分為：比馬拉松配速每公里慢40秒左右的快速輕鬆跑、以及比馬拉松配速每公里慢90秒的慢速輕鬆跑。對剛接觸訓練的新手跑者，可以較慢的輕鬆跑速度進行，而老練的跑者則可以提升輕鬆跑配速，但必須以快速輕鬆跑的配速為上限。慢要慢得下來，快才快得上去。

## 間歇訓練（Interval）

間歇訓練顧名思義，是透過多組大強度快速跑結合組間休息的訓練方式。不過依照訓練目的的不同，配速、距離、休息時間都會有很大的差異，以下的舉例是以馬拉松訓練為主。

| | 短距離間歇訓練<br>(Speed Workout) | 長距離間歇訓練<br>(Strength Workout) |
|---|---|---|
| 說明 | 又稱為速度訓練，強度的距離總和在 5 公里或以下。 | 又稱為力量訓練，強度的距離總和在 10 公里左右 |
| 常見組合 | 12×400m、6×800m、4×1200m | 6×1600m、3×3200m、2×5000m |
| 訓練效果 | 強化肌纖維、增加肌紅蛋白，進而改善跑者的跑步經濟性。 | 維持最大攝氧量，提升乳酸閾值耐受性，對於抵抗疲勞有更好的適應性並且大幅提升耐力。 |

### 間歇訓練如何進行？

間歇訓練怎麼進行呢？首要先瞭解數字代表的意思。例如，12×400m(R400) 的意思是指「以高強度的速度跑 400 公尺＋慢跑休息 400 公尺為一組，如此循環 12 組」，3×3200m 就是快跑 3200 公尺＋慢跑休息，如此循環 3 次。組間休息配速以緩跑、不要快過輕鬆跑配速、也不要慢到用走的。

透過不同的配速、組數、及休息時間，對於跑者本身的有氧、無氧系統轉換會有不同的刺激。一般距離短、配速快、組休長的間歇針對的是跑步經濟性，也就是教會跑者的身體「如何跑得更快」；當距離拉長、配速放慢、而組休變短時，針對的就是跑者的耐受性，也就是教會跑者的身體「如何在快速行進下，可以維持的更久」。

間歇訓練是初跑者最容易獲得成長、也很容易獲得滿足的訓練。因為秒數的減少，會讓人覺得有直接相對應的報酬，而有進步很快的錯覺。但如果只專注在這一個項目而偏廢其他項，那終究無法成為一個完善的跑者，一定要特別注意。

## 配速跑／節奏跑（Tempo Run）

配速跑指的是以一個穩定的配速，持續進行特定距離的訓練方式。依照訓練體系的不同，配速跑的配速一般落在 10 公

里到全馬配速之間。

配速跑的主要目的是讓身體學習控制穩定的配速，從剛開始起跑的略感輕鬆、到訓練尾聲的疲勞累積，跑者都需要保持在一個穩定的配速之下，而盡量避免浮動。一般訓練初期會要求跑者配戴 GPS 錶，以維持在一個穩定的配速，而訓練後期會漸漸要求跑者少看錶，而以體感配速為主，事後再分析體感強度與實際配速是否符合、準確。

配速跑是訓練的關鍵，因為無論是參加何種距離的比賽，終極目標終究是「以一個穩定的配速前進相對應的距離」，因此學習如何「穩定」是關鍵，從呼吸的穩定、心率的穩定、到跑姿的穩定，都是要透過配速跑不斷的強化肌肉的記憶，才能達到平衡。

而除了體能的訓練之外，配速跑的另一個重要目的，則是比賽的模擬及賽時心態的培養。「這個速度下我能維持多久？」「這個配速我能不能堅持到終點？」都是透過每一次的配速跑，跑者必須不斷質問自己的問題。

## 長距離（Long Run）

長距離訓練的效益為增進肝醣的儲存量，並且鍛鍊身體利用脂肪的能力。依照目標賽事的不同，長距離跑步的距離也可

能不一樣，以全馬為例，一般會落在 26 ～ 36 公里左右，配速則會較配速跑慢許多。

「馬拉松的訓練，至少要有 30 公里 LSD。」( Long Slow Distance) 這是坊間常聽到的建議，但是問起從何而來，也沒有人能真正給個答案。有趣的是，這個 30 公里到了美國，則被常常說成 20 英里，也就是 32 公里。由此可知，30 公里、32 公里、甚至 35 公里或是 40 公里，其實都只是一個方便記住的數值。實際上每個跑者的長距離需要跑多遠，與他從事的訓練法、以及累積的跑量息息相關。

舉例來說，漢森訓練法相較於其他訓練方式，並不強調時間過長的長距離訓練。在疲勞訓練的邏輯下，對於每週跑量在 100 公里以下的跑者，最長的長距離訓練也僅有 26 公里左右。疲勞訓練的意旨，是讓跑者在身體並非完全恢復的情況下，進行長距離耐力訓練。因此與其說 LSD 訓練是模擬馬拉松的前 26 公里，反而更像是模擬最後的 26 公里。

需要注意的是，單一長距離訓練的里程不建議超過週跑量的 25 ～ 30%，並且總時間在 2 到 3 小時之間為最佳。即使是速度非常慢的跑者，例如 6 小時的全馬完賽者，也不建議進行超過 3 小時的長跑訓練。有些進階的課表，則會要求跑者在長距離訓練的後段加速至馬拉松配速，也是為了讓疲憊的身體探

索最有效率的跑法、並且增加跑者的信心。

## 法特雷克變速（Fartlek）

Fartlek 是瑞典語的 Speed Play，中文翻譯是「速度遊戲」。中長距離的跑者對這個字應該不會太陌生，從歐洲、美國、甚至到肯亞的馬拉松訓練，法特雷克都是常見菜色。

法特雷克的訓練可以很有規劃、也可以很隨興。採取快慢交替的方式，速度、距離、時間可長可短：快的部分可以選擇 5K 至 MP（Marathon Pace）之間的配速，而慢的部分在 Easy ～ Long 之間，憑感覺切換。可以訓練最大攝氧量，以及有氧與無氧系統的轉換。

法特雷克可以擺在訓練週期的任何時候，而特別適合在基礎期。主因是它可以自由變化，跑很快的同時不一定要跑很遠，甚至可以在跑的當下，視身體反饋才決定今天要跑 12 組、16 組、還是 20 組。不熟悉的時候可以從操場開始，等到有經驗了不管是河濱、乃至於是跑山都可以玩。而不同程度的跑者也可以一起跑，厲害的就跑多一點、稍慢的就跑少組一點，就像字面上的意思：Speed Play。如果你不想跑太正經的間歇跑、或者感覺狀況沒有好到能跑馬拉松配速，那法特雷克可以提供一個合適的緩衝。讓你在還沒完全準備好以前，也不至於什麼都

沒得練或不敢練，而可以漸漸回到訓練軌道上。以我為例，常見的法特雷克如下。

我的法特雷克

1 分快，1 分慢，重複 20 組、總計 40 分鐘。

快的配速在 5K 配速（～ 3:20/K）、而慢的配速是 Long（～ 4:10/K）。

這樣平均下來的配速會是 3:45/K, 比馬拉松配速稍慢一點，算中高強度。如果順利完成 20 組、那總長度大約是 10K。其中快的部分等同於是用 5K 配速跑了 20 次 300 公尺，總計 6K 的距離，訓練效果很強。

## 一般常見的訓練方式有哪些呢？

### 七日循環

最常見的訓練方式，即一週課表內包含：一次間歇跑、一次配速跑、一次長跑。這類型的課表因為符合市民跑者的訓練規律，因此大幅被採用。需要特別注意的是：**強度訓練之間必須至少空隔一日，以作為休息或是輕鬆跑**，僅有非常少數的例

外，才會採取連日強度的方式。

## 九日循環

　　菁英跑者常見的訓練方式，例如 Ryan Hall 以及 Meb 當初都是使用九日循環，即每三日進行一次強度訓練，隨後兩天則是恢復跟輕鬆跑。九日循環的好處是給身體更長的恢復時間，一般對於訓練強度大、並且恢復時間更長的跑者適用，因此對於菁英跑者、或是年紀稍長的跑者比較推薦。

　　不過由於九日循環長跑日不固定，一般對於時間安排比較固定、需要週末進行長跑的市民跑者就比較難以採用。

## 兩週五練

　　這是我近期採用的方式，結合了上面兩種訓練法的優缺點，即第一週練三日（二、四、日）下一週練兩日（三、六）。

　　這種訓練法保有了一週七日的週期性，同時也融合了九日循環的優點：更長的休息時間。通常我在一週兩練的那週會安排一次強度比較高的課表，以作為突破使用；在一週三練的那週，課表強度則會稍微降低。

CHAPTER 5
# 開始訓練吧！

耐力運動的訓練就是在刺激跟恢復之間找平衡，
建立出一套屬於自己的、有效的訓練習慣，
然後「在需要的時候，拿出最好的表現」。

# 1 什麼是週期化訓練？

在此討論的馬拉松訓練法，是以現在主流的訓練方式之一：週期化訓練為主。

週期化訓練（Periodization of Sports Training）指在一定時間內，透過練習來最大化自己能力的訓練方式。它最大的特點是在特定時間內，針對不同項目的能力做加強，一般會分成五個週期：基礎、進展、巔峰、賽前減量、以及恢復，巔峰跟賽前減量又可合併稱為「比賽期」。

很多初學跑者在接觸跑步的時候，常常沒有課表或者單憑自己想像，每天重複著一樣的訓練。例如今天全速跑 5 公里、明天也全速跑 5 公里，臨時起意就來個間歇衝刺跑，腿痠到不行了，不得不停止才休息。隔了幾天，好不容易等到腿不痠了，又繼續全速跑 5 公里。

這種訓練方式沒有規劃，並且缺乏針對性。如果只是簡單跑健康、跑興趣的也許還可以，但如果目標是半馬或是全馬，就顯得沒有效率，比賽時也會因為缺乏專項訓練而容易受傷。

週期化訓練的出現，就是為了解決這樣的問題。它會透過合理長度的週期，對於全馬而言通常是 16 到 20 週，來打造一個「適合跑馬拉松」的身體。以 20 週的週期化訓練為例，包含了基礎期 8 週、進展期 8 週、巔峰期 2 週、賽前減量 2 週，一共 20 週。比賽結束後則有 2 週恢復。

## 週期化訓練

| 基礎期｜Basics / Base | 6～8 週 | 基礎有氧、基礎速度、基礎肌力 |
|---|---|---|
| 進展期｜Build | 6～8 週 | 專項訓練、提升專項能力<br>（全馬／半馬／中長距） |
| 巔峰期｜Peak | 2 週 | 最大化專項能力 |
| 賽前減量｜Tapering | 2 週 | 恢復肌肉小損傷、調整至最佳狀態 |
| 恢復期｜Recovery | 2 週 | 為下一個週期做準備 |

## 基礎期

基礎期的訓練要點就是培養基礎有氧能力、速度及肌力，目標是培養全能跑者。在這個階段的訓練要點，一般會要求跑者逐漸累積跑量以達到目標訓練里程。同時也會加入距離較短

且速度較快的短程間歇，主要目的是鍛鍊肌力，進而提升跑步經濟性以及最大攝氧量。

累積里程在此時是重要的，跑者應該要在 6 到 8 週內，以每週跑量不增加超過 5 ～ 10% 的比率，達到進展期的期望訓練里程。舉例來說，如果你的訓練里程目標是每週 50 公里，那你應該在開始訓練的兩個月內有計畫的逐步增長到這個目標。

在這個時候最重要的質量訓練則是短距離間歇，例如 12×400m、6×800m、4×1200m 等，短距離間歇可以強化肌纖維、增加肌紅蛋白，進而改善跑者的跑步經濟性。

**這類型訓練會要求跑者把間歇訓練「真正當作一回事」，你必須以最好的狀態來面對每一個速度訓練。**這個時候的訓練通常都很難，所以你同時也是在鍛鍊自己在比賽中遇到痛苦時，所需要展現的心理素質。

## 進展期

進展期的訓練要點是專項訓練，提昇專項能力。如果說基礎期的目標是「打造全能跑者的身體」，那進展期就是在這個基礎上，進一步提升跑者的專項能力，因為經過基礎期的訓練，你的身體現在已經準備好迎接下一階段的挑戰。

這個時候訓練的重點就會從最大攝氧量訓練，轉移為乳酸

閾值的訓練。乳酸閾值對一般跑者而言大約是介於 10 公里至半馬配速之間，新手跑者會比較偏向半馬配速，而經驗老道的跑者可以提升至 10 公里配速上下。

這類型的訓練通常包含兩種：第一是長距離間歇跑、第二是配速跑。目標是增加跑者的乳酸清償能力及乳酸耐受力，進而提升跑者的乳酸閾值配速、同時增加跑者在此配速下所能維持的時間。

## 巔峰期

巔峰期的訓練要點是最大化專項能力。巔峰期為期 2 週，屬於進展期的延伸。目標是透過跑量的提升，要求跑者維持跟進展期同等的質量訓練，進而最大化跑者的專項能力。一言以蔽之，就是把里程拉高的同時又能夠維持質量，能夠跑得更快、更長、更穩、而且不特別疲倦。但是要注意的是，因為巔峰期的時候身體處於高負荷的壓力下，因此巔峰期長度不宜過長。

## 賽前減量期

賽前減量期主要恢復肌肉小損傷，調整至最佳狀態。銜接在巔峰期後的是賽前減量，為賽前 2 週。透過逐步的跑量下降，讓身體有機會恢復修補，以達到最好的比賽狀態。由於跑量的

驟減，很多人會因此感覺到身體有點不適應，甚至有些不曾注意過的微小疼痛產生，這都是正常的。

經過了長久的進展期以及巔峰期訓練，每個跑者的身體都累積了很多壓力。賽前減量等同於給身體釋放出「你可以開始修復了」的訊息，所以很多微小疼痛反而會在此時特別明顯。

另一方面，由於運動量下降導致腦內啡分泌也少了一些，很多人會在賽前感覺特別懶散、沒有精神（稱為 tapering blue）這時候如何保持在良好的心情以及比賽的情緒，也是關鍵之一。曾經有人說過，賽前減量到站上起跑線的那一瞬間，你必須感覺像是「從冬眠中醒來的熊」，覺得有一點懶散、動作緩慢，但是飢腸轆轆，準備要幹場大事了！

## 為什麼週期化訓練很重要？

馬拉松是一個 42.195 公里的長時間運動，如果身體沒有在足夠的訓練下就從事這麼長時間的運動，絕對不可能拿出好表現。而週期化訓練的目的，是透過有規律的刺激讓身體進入循環，因為我們的身體需要多樣化的刺激才會進步、且刺激後需要時間恢復才能吸收。**耐力運動的訓練就是在刺激跟恢復之間找平衡，建立出一套屬於自己的、有效的訓練習慣，然後「在需要的時候，拿出最好的表現」。**

有人會問，每天都定速跑 10 公里，能不能跑馬拉松？當然可以，只是成績可能不會是你想要的；那如果只練短間歇而不跑長跑，能不能跑馬拉松？一樣也可以，但後段掉速的機率就比較高，要有心理準備一旦爆掉，後頭還要扛很久。

幫別人訂課表是件很繁瑣的事，你其實會很希望對方能夠很遵守遊戲規則，例如：說好了就不要多跑、身體不舒服要誠實稟報，因為我寧願你一兩個質量訓練沒跑，也不要把自己弄傷，變成一兩週沒得跑。

練習馬拉松就跟世界上大部分的事一樣，邊際效益會越來越小。像我現在練得這麼辛苦、吃得這麼嚴格，那是因為我已經很逼近自己的極限，要從九十分到九十五分真的很難。但是對於起始分只有三、四十分的人，要提升到六十分難度就沒有那麼高。說句老實話，你甚至不用做對太多事，只要少犯一點錯就好，拿到基本分，那就可以及格了。馬拉松訓練，說難也不是特別難，就算是全馬 2 小時 40 分的課表，道理跟 4 小時也是相通的：很多時候，我們並不是在比誰做對得多，而是比誰犯錯得少。

總之，在做週期化訓練、跑課表時，你一定要把握住這幾個原則：

1. 張弛有度：輕鬆跑配速比馬拉松配速慢 40 到 90 秒，且里程佔總跑量的 60% 以上。

2. 極化訓練：質量訓練（如間歇、配速、長跑）每週二次（進階跑者可以三次），期間至少間隔一天。

3. 關鍵長跑：馬拉松的本質就是長跑，盡量每週都跑一次長跑，行有餘力再加點變化，例如加速跑、變速跑。

4. 穩定持續：跑量穩定，每週跑量增加不超過 10%，接近個人最高跑量時，增加不超過 5%。

5. 建立週期：每個週期分段（基礎、進展、巔峰、減量）都有明確、需要強化的內容，不是同一份課表跑個 20 週。

人不可能永遠處於巔峰，你只要能在需要的時候拿出最好的表現即可。

# 2 我的訓練方法

　　我主要受漢森訓練法（Hansons Marathon Method）影響，漢森的訓練要點在於：大量的乳酸閾值跑、以及疲勞累積，標準一週的訓練會涵蓋三個關鍵質量訓練：一項間歇跑、一項配速跑、以及一項長跑。

　　我從 2015 年初開始使用漢森訓練法，同年全馬成績從 3 小時 39 分一口氣進步到 2 小時 59 分，首次突破 SUB 3 大關，並且取得波士頓馬拉松資格。隔年我仍然使用漢森，並在某一些質量訓練加入更大的強度（例如長跑中加入配速跑：Long Run ＋ Tempo），2016 年底再度突破全馬成績至 2 小時 44 分，因此漢森訓練法可以說是影響我最大的訓練方式。有興趣的人可以去找原書來讀讀看。

　　但是其他系統，例如 Brad Hudson 以及 Tinman 系統的觀念也在近期加入，例如 Brad Hudson 建議以 Hill Repeat 替代腿部的重量訓練，而 Tinman 則是強調比半馬配速稍快一些的（Critical Velocity-CV 配速）。

這些訓練方式對我造成的影響，會在下面的範例課表詳細說明。不過整體來說，我的訓練是從漢森開始，練了幾年進入了高原期，然後為了尋求突破又開始融入一些比較新的東西。

如果一個訓練法對你有用，那就堅持下去。不過每個訓練法對於每個個體都有一定程度的極限，練到最後感覺無法成長、進步了，也不要排斥試試不同的方法，給身體不同的刺激。相較於其他運動，跑步是一條很長、可以堅持很久的路。而且無論你幾歲開始，都能夠進步。

## Runner Notes

### 疲勞訓練

疲勞累積（Cumulative Fatigue）是漢森訓練法中一個很重要的觀念。曾經有讀者問 Luke Humphrey：「你的訓練最長的一次長跑只有 26 公里，如何模擬比賽 42 公里的路程？」而他回答：由於跑量跟質量訓練的疲勞累積，在你該週跑長跑之前，事實上已經經過了兩次質量訓練。所以在跑長跑時，與其說是在模擬比賽最初的 26 公里，更像是模擬比賽最後 26 公里。

## 怎麼選擇適合自己的訓練法？

我常被問到「市面上的訓練方法這麼多，我該怎麼選擇最適合我的？」以我自己的經驗而言，市面上受歡迎、目標是大眾的訓練方法，一般都有不錯的理論根基，例如：Hal Halgon、Hansons、Brad Hudson、Advanced Marathon 系統等等。由於是寫給大眾的馬拉松訓練書籍，這類型的書基本理論相似，而出錯機率也很低，很多時候與其說不知道自己適不適合而猶豫半天，還不如就選個你能讀懂並且認同它的理念，試試看就是了。

## 效果顯現需 4 ～ 6 週

很多人在嘗試馬拉松訓練時，總以為有效的訓練應該要在一週、兩週內就立刻有效。甚至有人覺得我這次做了一次練習，那下一次就必須要更進步才行。但以我個人的經驗，根據馬拉松訓練計畫的不同，從訓練正式開始後，至少要經過 4 ～ 6 週才會有最基本的效果，而這也是我推薦給一般跑者評估一個訓練計畫是否有效所需等待的時間。

有些訓練計畫講求速成，可能會在一週之內就練三個高強度的質量練習，因此「感覺」進步了，但是這類型的訓練計畫很難持續，在疲勞累積後會覺得越來越難跟上課表，這也是另

外一個訓練計畫需要評估期的理由。

## 「無傷能進步」，就是好計劃

　　一個訓練計畫的好與壞，除了是否能進步以外，更重要的是能不能堅持並保持無傷。因此對於不同程度的跑者，好計劃的定義可能不一樣。例如對於初跑者來說，每週進行三次 30 ～ 40 分鐘的慢跑，就已經有很好促進身體健康的效果；對於初馬跑者來說，每週練習五次包含一次長跑，總距離在 40 ～ 50 公里左右，就可以大致達到馬拉松無傷完賽的目標；但對於再進階的跑者，好的訓練計畫可能就包含每週七天、包含數次一日兩練、搭配各種長短速度不同的質量訓練，才能夠持續達到「進步」的目標。

# 3 全馬課表

RUNNING TRAINING

在這個章節會提供我從初馬 4 小時 49 分，到現在 2 小時 38 分所採取的課表，課表設計是以漢森訓練法為主體，不過針對各個階段的跑者有微調一些細節。例如初階跑者會強調有氧耐力累積、破三跑者需要最大攝氧訓練、2 小時 40 分內的半菁英跑者就是各方條件的整合。

建議在閱讀課表以前，請先確定你完全理解本書其他有關於訓練知識的內容，如果可以的話，也建議搭配漢森訓練法的原文書使用。

**這邊要特別聲明：我非專業長跑教練，以下提供之課表僅屬個人經驗，只供讀者參考之用，無法保證效果，也不包含為參考課表之讀者提供訓練相關、及身體疾病醫療相關之諮詢或建議，有任何生理病痛，請在第一時間洽詢醫療專業建議。**

# 400 課表

**適合跑者**：初中階跑者，每週能固定有五天練習日，並能有一次長距離訓練，週跑量接近或超過 40 公里。

**課表概念**：一週練習五天，掌握每週兩個關鍵訓練，其餘以輕鬆恢復跑為主，逐步提升跑量。

**每週里程**：平均 40 ～ 50 公里，最高 56 公里。

**課表重點**：透過規律的訓練培養基礎有氧耐力。這個階段的跑者還不需要太高的最大攝氧能力，相較之下，擁有能跑完一場馬拉松的有氧能力才是最重要的。透過每週的一次速度練習，由間歇提升跑者基礎速度能力，由配速跑習慣馬拉松配速的體感。長跑每週固定一次，在後期融入配速跑（Long + Tempo）來模擬全馬後段的辛苦程度，是一週最關鍵的訓練。

## 課表操作說明

| 訓練種類 Workout Type | 配速 Pace |
|---|---|
| Easy 輕鬆跑 (E) | 6:10 ~ 6:40 |
| Speed 速度訓練 (SP) | 5:00 |
| Strength 力量訓練 (ST) | 5:25 |
| Tempo 配速跑 (T) | 5:35 |
| Long 長跑 (L) | 5:55 |
| Long + Tempo 長跑＋配速跑 | 5:55 + 5:35 |

| 週次 | Mon | Tue | Wed | Thu | Fri | Sat | Sun | 週里程 |
|---|---|---|---|---|---|---|---|---|
| 1 | Rest | 6.5 E | 6 x 400(R400) SP | 6.5 E | Rest | 14 E | 6.5 E | 40 |
| 2 | Rest | 6.5 E | 8 x 400(R400) SP | 6.5 E | Rest | 16 E | 6.5 E | 43 |
| 3 | Rest | 6.5 E | 4 x 800(R400) SP | 6.5 E | Rest | 16 E | 6.5 E | 43 |
| 4 | Rest | 3.2 E | 6.5 E | 6.5 E | Rest | 10 L + 6.5 T | 3.2 E | 35 |
| 5 | Rest | 6.5 E | 8 x 400(R200) SP | 6.5 E | Rest | 18 L | 6.5 E | 46 |
| 6 | Rest | 6.5 E | 4 x 800(R400) SP | 6.5 E | Rest | 18 L | 6.5 E | 46 |
| 7 | Rest | 6.5 E | 3 x 1200(R600) SP | 6.5 E | Rest | 19 L | 6.5 E | 48 |
| 8 | Rest | 3.2 E | 6.5 E | 6.5 E | Rest | 10 L + 10 T | 3.2 E | 39 |
| 9 | Rest | 6.5 E | 10 x 400(R200) SP | 6.5 E | Rest | 19 L | 6.5 E | 48 |
| 10 | Rest | 6.5 E | 5 x 800(R400) SP | 6.5 E | Rest | 16 L + 6.5 T | 6.5 E | 51 |
| 11 | Rest | 6.5 E | 4 x 1200(R600) SP | 6.5 E | Rest | 22 L | 6.5 E | 51 |
| 12 | Rest | 3.2 E | 13 T | 6.5 E | Rest | 16 L | 3.2 E | 45 |
| 13 | Rest | 6.5 E | 4x1600m(R400) ST | 6.5 E | Rest | 16 L + 6.5 T | 6.5 E | 53 |
| 14 | Rest | 6.5 E | 13 T | 6.5 E | Rest | 16 L | 6.5 E | 53 |
| 15 | Rest | 6.5 E | 2x3200m(R800) ST | 6.5 E | Rest | 16 L + 10 T | 6.5 E | 56 |
| 16 | Rest | 3.2 E | 13 T | 6.5 E | Rest | 16 L | 3.2 E | 45 |
| 17 | Rest | 6.5 E | 2x3200m(R800) ST | 6.5 E | Rest | 13 L + 13 T | 6.5 E | 56 |
| 18 | Rest | 6.5 E | 16 T | 6.5 E | Rest | 19 L | 6.5 E | 55 |
| 19 | Rest | 6.5 E | 4x1600m(R400) ST | 6.5 E | Rest | 13 E | 3.2 E | 39 |
| 20 | Rest | 6.5 E | Rest | 6.5 E | Rest | 5 E | RACE 42.2 | 50 |

# 330 課表

**適合跑者：**中階跑者，每週能至少有六天練習，週跑量接近或超過 75 公里。

**課表概念：**一週訓練六天，調整配速跑跟長跑的比例。

**每週里程：**平均 70 ～ 80 公里，最高 86 公里。

**課表重點：**全馬目標 3 小時 30 分的跑者，應該要有每週執行 2 至 3 個質量課表的能力，透過配速跑以及長跑的穿插，培養出同時具備速度及耐力的跑者。

## 課表操作說明

| 訓練種類 Workout Type | 配速 Pace |
|---|---|
| Easy 輕鬆跑 (E) | 5:37 ~ 6:01 |
| Speed 速度訓練 (SP) | 4:34 |
| Strength 力量訓練 (ST) | 4:52 |
| Tempo 配速跑 (T) | 4:59 |
| Long 長跑 (L) | 5:24 |
| Long + Tempo 長跑＋配速跑 | 5:24 + 4:59 |

| 週次 | Mon | Tue | Wed | Thu | Fri | Sat | Sun | 週里程 |
|------|------|------------------|------|------|------|---------------|-----------|--------|
| 1 | 8 E | 10x400(R200) SP | Rest | 8 E | 8 E | 14 E | 8 E | 56 |
| 2 | 8 E | 5x800(R400) SP | Rest | 8 E | 8 E | 16 E | 8 E | 58 |
| 3 | 8 E | 4x1200(R600) SP | Rest | 8 E | 8 E | 16 L | 8 E | 58 |
| 4 | 5 E | 8 E | Rest | 8 T | 8 E | 16 L | 5 E | 50 |
| 5 | 8 E | 3x1600(R800) SP | Rest | 8 E | 8 E | 18 L | 8 E | 60 |
| 6 | 8 E | 10x400(R200) SP | Rest | 9 T | 8 E | 18 L | 8 E | 62 |
| 7 | 8 E | 5x800(R400) SP | Rest | 8 E | 8 E | 20 L | 8 E | 62 |
| 8 | 6 E | 8 E | Rest | 10 T | 8 E | 20 L | 6 E | 58 |
| 9 | 9 E | 4x1200(R600) SP | Rest | 9 E | 9 E | 16 L + 6 T | 9 E | 68 |
| 10 | 9 E | 3x1600(R800) SP | Rest | 10 T | 9 E | 22 L | 9 E | 70 |
| 11 | 9 E | 4x1600m(R400) ST | Rest | 9 E | 9 E | 16 L + 6 T | 9 E | 68 |
| 12 | 7 E | 10 E | Rest | 11 T | 10 E | 22 L | 7 E | 70 |
| 13 | 10 E | 2x3200m(R800) ST | Rest | 10 E | 10 E | 18 L + 6 T | 10 E | 74 |
| 14 | 10 E | 4x1600m(R400) ST | Rest | 12 T | 10 E | 24L | 10 E | 78 |
| 15 | 10 E | 2x3200m(R800) ST | Rest | 10 E | 10 E | 16 L + 10 T | 10 E | 76 |
| 16 | 10 E | 10 E | Rest | 14 T | 10 E | 26 L | 10 E | 84 |
| 17 | 10 E | 4x1600m(R400) ST | Rest | 14 T | 10 E | 18 L + 10 T | 10 E | 86 |
| 18 | 10 E | 2x3200m(R800) ST | Rest | 16 T | 10 E | 22 L | 10 E | 82 |
| 19 | 5 E | 4x1600m(R400) ST | Rest | 16 T | 5 E | 15 L | 8 E | 63 |
| 20 | 8 E | 8 E | Rest | 5 T | 5 E | 5 E | RACE 42.2 | 77 |

# 300 課表

**適合跑者：**進階跑者，每週能至少有六天練習，週跑量接近或超過 85 公里。

**課表概念：**以漢森體系為主改編，一週訓練六天，調整配速跑跟長跑的比例。

每週里程：平均 85 ～ 90 公里，最高 106 公里。

**課表重點：**以破三為目標的跑者，必須有均衡的最大攝氧、乳酸閾值、以及有氧耐力。

這份課表是由漢森為主體，加上我自己和隊友的訓練經驗改編，相對於原版本更強調長跑的質量、並隨之調整配速跑的比重。

## 課表操作說明

| 訓練種類 Workout Type | 配速 Pace |
|---|---|
| Easy 輕鬆跑 (E) | 4:50 ~ 5:12 |
| Speed 速度訓練 (SP) | 3:55 |
| Strength 力量訓練 (ST) | 4:10 |
| Tempo 配速跑 (T) | 4:15 |
| Long 長跑 (L) | 4:39 |
| Long + Tempo 長跑＋配速跑 | 4:39 + 4:15 |

| 週次 | Mon | Tue | Wed | Thu | Fri | Sat | Sun | 週里程 |
|------|-----|-----|-----|-----|-----|-----|-----|--------|
| 1 | 10 E | 10x400(R400) SP | Rest | 10 E | 10 E | 14 E | 10 E | 64 |
| 2 | 10 E | 5x800(R400) SP | Rest | 10 E | 10 E | 16 E | 10 E | 66 |
| 3 | 10 E | 4x1000(R400) SP | Rest | 10 E | 10 E | 16 L | 10 E | 66 |
| 4 | 10 E | 10 E | Rest | 8 T | 10 E | 16 L | 10 E | 68 |
| 5 | 11 E | 12x400(R400) SP | Rest | 11 E | 11 E | 18 L | 11 E | 74 |
| 6 | 11 E | 6x800(R400) SP | Rest | 9 T | 11 E | 18 L | 11 E | 77 |
| 7 | 11 E | 5x1000(R400) SP | Rest | 11 E | 11 E | 20 L | 11 E | 77 |
| 8 | 11 E | 11 E | Rest | 10 T | 11 E | 22 L | 11 E | 80 |
| 9 | 12 E | 4x1200(R400) SP | Rest | 12 E | 12 E | 24 L | 12 E | 86 |
| 10 | 12 E | 3x1600(R800) SP | Rest | 12 T | 12 E | 26 L | 12 E | 90 |
| 11 | 12 E | 6x1600m(R400) ST | Rest | 12 E | 12 E | 20 L + 6 T | 12 E | 90 |
| 12 | 12 E | 3x3200m(R800) ST | Rest | 13 T | 12 E | 26 L | 12 E | 95 |
| 13 | 13 E | 2x4800m(R800) ST | Rest | 13 E | 13 E | 18 L + 8 T | 13 E | 94 |
| 14 | 13 E | 12x400(R400) SP | Rest | 14 T | 13 E | 28 L | 13 E | 95 |
| 15 | 14 E | 6x1600m(R400) ST | Rest | 14 E | 14 E | 18 L + 10 T | 14 E | 100 |
| 16 | 16 E | 3x3200m(R800) ST | Rest | 15 T | 14 E | 30 L | 16 E | 106 |
| 17 | 16 E | 2x4800m(R800) ST | Rest | 15 T | 14 E | 20 L + 10 T | 16 E | 106 |
| 18 | 16 E | 8x800(R400) SP | Rest | 16 T | 14 E | 26 L | 16 E | 100 |
| 19 | 10 E | 3x3200m(R800) ST | Rest | 16 T | 10 E | 15 L | 8 E | 78 |
| 20 | 10 E | 2x1600m(R400) ST | Rest | 5 T | 8 E | 5 E | RACE 42.2 | 82 |

# 240 課表

**適合跑者**：半菁英跑者，能夠天天練習，週跑量接近或超過 120 公里。

**課表概念**：每天訓練，每週兩到三個質量訓練，加入法特雷克跑以及進階長跑。

**每週里程**：平均 120 ～ 130 公里，最高 146 公里。

**課表重點**：以全馬 2 小時 40 分為目標的跑者，必須有強大的最大攝氧量、肌肉力量、以及有氧耐力，缺一不可。

## 課表操作說明

| 訓練種類 Workout Type | 配速 Pace |
|---|---|
| Easy 輕鬆跑 (E) | 4:20 ~ 5:00 |
| Speed 速度訓練 (SP) | 3:25 |
| Strength 力量訓練 (ST) | 3:40 |
| Tempo 配速跑 (T) | 3:47 |
| Long 長跑 (L) | 4:09 |
| Long + Strength 長跑＋力量跑 | 4:09 + 3:40 |
| Long + Tempo 長跑＋配速跑 | 4:09 + 3:47 |

| 週次 | Mon | Tue | Wed | Thu | Fri | Sat | Sun | 週里程 |
|---|---|---|---|---|---|---|---|---|
| 1 | 10 E | 12x400(R400) SP | 10 E | 10 E | 10 E | 16 E | 10 E | 94 |
| 2 | 10 E | 6x800(R400) SP | 10 E | 10 E | 10 E | 20 E | 10 E | 98 |
| 3 | 12 E | 5x1000(R400) SP | 12 E | 12 E | 12 E | 24 L | 12 E | 98 |
| 4 | 12 E | 5x1200(R400) SP | 12 E | Fartlek (12 組) | 12 E | 26 L | 12 E | 99 |
| 5 | 12 E | 16x400(R400) SP | 12 E | 12 E | 12 E | 20 L + 4*1000(R120s) ST | 12 E | 101 |
| 6 | 12 E | 8x800(R400) SP | 12 E | Fartlek (16 組) | 12 E | 26 L | 12 E | 102 |
| 7 | 14 E | 6x1000(R400) SP | 14 E | 14 E | 14 E | 20 L + 4*1200(R120s) ST | 14 E | 112 |
| 8 | 14 E | 5x2000(R400) SP | 14 E | Fartlek (20 組) | 14 E | 28 L | 14 E | 112 |
| 9 | 16 E | 6x1600m(R400) ST | 16 E | 16 E | 16 E | 20 L + 3*1600(R120s) ST | 16 E | 122 |
| 10 | 16 E | 3x3200m(R800) ST | 16 E | Fartlek (20 組) | 16 E | 30 L | 16 E | 126 |
| 11 | 16 E | 2x4800m(R800) ST | 16 E | 16 E | 16 E | 20 L + 4*1600(R120s) ST | 16 E | 124 |
| 12 | 16 E | 6x1600m(R400) ST | 16 E | 10 T | 16 E | 30 L | 16 E | 126 |
| 13 | 16 E | 3x3200m(R800) ST | 16 E | 16 E | 16 E | 20 L + 8 T | 16 E | 124 |
| 14 | 16 E | 16x400(R400) SP | 16 E | 14 T | 16 E | 32 L | 16 E | 124 |
| 15 | 18 E | 3x4800m(R800)*ST | 18 E | 18 E | 16 E | 23 L + 10 T | 18 E | 138 |
| 16 | 18 E | 6x1600m(R400) ST | 18 E | 16 T | 16 E | 34 L | 18 E | 140 |
| 17 | 20 E | 4x3200m(R800)*ST | 18 E | 18 E | 14 E | 20 L + 16 T | 18 E | 146 |
| 18 | 20 E | 8x800(R400) SP | 18 E | 16 T | 14 E | 28 L | 18 E | 132 |
| 19 | 12 E | 2x4800m(R800) ST | 12 E | 16 T | 12 E | 18 L | 12 E | 96 |
| 20 | 12 E | 2x1600m(R400) ST | 12 E | 5 T | 8 E | 5 E | RACE 42.2 | 98 |

到全馬 240 這個階段的跑者，練習必須很有針對性，因此前期安排短距離最大攝氧跑並搭配法特雷克調整強度，後期會有大量的乳酸閾值跑刺激耐受力。每週的長跑質跟量都會隨著週期演進快速上升，目的是讓跑者在疲憊的體感下，仍舊有保持配速、甚至加速的能力。特別注意：這份課表強度很高，是由我本身經驗累積而來。請一定要確定自己有足夠能力，謹慎評估過後再嘗試課表，不然高機率會受傷。

課表備註：

1. 法特雷克（20 組）：中間加入 20 組 1 分快、1 分慢的法特雷克跑共 40 分鐘。快跑為 Speed Pace，慢跑為 Long Pace。其餘由輕鬆跑補齊，總距離與該週課表的輕鬆跑類似或稍長。

2. 3×4800m（R800）* ／ 4×3200m（R800）*：特別版的 Strength，長度會比一般更長，巔峰期專屬強化訓練。

3. 20 L ＋ 4×1000：前面 20 公里以 Long Pace，最後加上 4×1000 公尺的 Strength Pace，組間一律休息 120 秒。

## 課表常見問題

### Q1 如何知道自己能不能跟課表？

每一份課表都有適合跑者的說明，如果還沒有達到最低要求，必須先逐漸增加跑量，直到能不勉強達標為止才可以開始課表。

### Q2 訓練前需要熱身嗎？

質量訓練（間歇、配速跑）前需充分熱身至少 2 公里，方式是很慢的慢跑，結束後可以做動態伸展，如馬克操。輕鬆跑不需要額外熱身，但可以由很慢的速度開始。

### Q3 Speed 跟 Strength 的差別？

Speed 是基礎速度，Strength 是強化速耐力，越接近馬拉松比賽，Strength 會比 Speed 更有針對性。

### Q4 Long + Tempo 是什麼意思？

意思是前面跑 Long 配速，後面跑 Tempo 配速。這個訓練是模擬全馬後段，在雙腿疲勞時的再加速能力，也對自信心的建立非常重要。

以全馬 400 課表為例，10L + 6.5T 就是前 10K@5:54，完成再接著跑 6.5K@5:26，不可以反過來。

## Q5 減量週是什麼？

初級課表每四週會安排一次減量週，目的是讓身體休息，並吸收強度以準備下一階段更強的課表。高階課表也可以每 4 到 8 週安排一次減量，這等級的跑者應該要有自我評估能力，因此課表不強制要求，留給跑者決定減量週的頻率與時機。

## Q6 Easy 配速一定要在區間內嗎？

配速只是參考值，以不影響課表為主，一般標準為「可以輕鬆講完整句子的配速」。通常新手跑者的輕鬆跑配速與馬拉松配速差距比較小，但是越往高階課表，輕鬆跑配速與馬拉松配速的差距會拉大，又稱為極化訓練 Polarized Training。

## Q7 可進行訓練的時間跟課表的時間配不上怎麼辦？

可自行調整訓練天數，只要記得原則是強度跑中間必須有輕鬆跑或休息日。

## Q8 其他課表要怎麼調整配速？

如果要自己算自己的課表配速，大原則是：Tempo ＝馬拉松配速；Speed ＝ 5 ～ 10K 配速；Strength ＝ 10K ～半馬配速。不知道自己配速的跑者，可以搜尋 vdot calculator 作為參考用。

## Q9 休息日就是完全休息嗎，還是可以做腳踏車或游泳，肌力等交叉訓練？

看個人能力，行有餘力再交叉訓練就好了。大原則是不要影響到跑步課表，跑步永遠是馬拉松訓練最重要的事。如果真的要進行會痠痛的肌力訓練，建議安排在主課表的當天（如早上跑步課表、下午肌力訓練）或者後一天，以防延遲性痠痛影響表現。

## Q10 為什麼每天記錄的里程相加起來不等於課表的週里程？

質量課表的課表內容不含暖身收操，例如 10T 實際上是 2E ＋ 10T + 2E = 14K。

## Q11 跟課表的中途可以調整配速嗎？

如果能持續輕鬆達標 3 ～ 4 週，可以考慮微調配速 2 ～ 3 秒。不過要記得每週的狀況不同，如果調整後變得太難，也要

立刻降回原本配速。

## Q12 長跑（Long）跑不進目標配速怎麼辦？

一開始可以先專注在時間跟距離，而忽略配速。如以 16K Easy 配速為目標，習慣了之後，慢慢進展到可以 16K 漸進配速（Easy → Long），直到最後可以全程以 16K Long 來進行。另外如果一開始就跑 Long 配速覺得勉強，可以從 Easy 開始，例如 16K Long 跑成 2E ＋ 14K Long 也是沒有問題的。

## Q13 長跑可以休息喝水嗎？

可以，以 2 個小時長跑為例，中途補水 4 次每次 20 秒左右的短暫休息是可以允許的，天氣炎熱更要增加補水的頻率。另外如果超過 90 分鐘以上的長跑，也建議額外補充能量（如能量膠），以免肝糖耗竭而造成訓練效率低下。

## Q14 你的課表是怎麼制定的？

由我自己以及隊友的訓練經驗調整而成，但是大致上是根據以下兩本書的內容跟大綱：1. *Hansons Marathon Marathod* (Luke Humphrey)，2. *Run Faster from the 5K to the Marathon* (Brad Hudson)。

# 4 比賽模擬練習

大家都知道跑步需要練習，卻較少人明白其實比賽也需要練習。我的比賽經驗不算特別多，至今二十場多一點，但是很少有「去玩玩的」，多半都滿用心準備。以下這幾點，是我在賽前二～三週會做的事，適合巔峰期剛結束或者比賽前夕服用。

## 1. 飲食調整

賽前兩週要避免過於油膩、刺激的飲食，並且注意維生素、礦物質的補充，不要吃自己不習慣的食物，儘量避免無法控制食物來源的聚會。蛋白質攝取同樣要到位，不過因為跑量少了，總熱量也可以少一點，我會從碳水下手，把一碗飯改成半碗。

因為運動型態的改變，身體會有種錯覺：減量後比訓練高峰期更疲倦。這時要注意睡眠、保暖、飲食的完善，可以適度正常的減重，但不要為了減重而犧牲運動表現（例如：沒吃飽會跑不動或精神不濟），如果肚子真的很餓，吃一點優格或者

堅果。

　　我自己不喝酒，若有飲酒習慣的建議改為微量、低濃度。代謝酒精需要時間，酒精易影響蛋白質合成，進而減緩肌肉修補。建議賽前三天甚至一週完全停止飲酒（啤酒不是肝醣超補）要喝等跑完再喝，也比較盡興。

## 2. 心態調整

　　巔峰期已過，到了這個關頭，你要告訴自己一件事：「練習已經完成，現在練什麼都沒用了」。賽前三週還是建議保持強度練習，所謂「減量不減質」，我自己的跑量會在賽前四週達到最高峰，接下來依次遞減至 90% → 80% → 60%（不含比賽距離），給予肌肉超補償的機會，同時保持適度強度訓練，身體才不會「突然忘了怎麼跑」。

　　當週（若比賽是週日）減量又減質，我習慣週二跑一次 2×3200 公尺強度（約半馬配速）、週四跑一次 5 公里（約馬拉松配速），其餘都是強度很低的輕鬆跑即可。

　　賽前一天可跑可不跑，如果是外地馬預期會走點路的，那早餐跑大可省下來。

　　常見新手越到比賽越興奮，從巔峰期下來，不跑其實會腿癢。這時可以做一些其他低強度交叉訓練，例如我就會多花點

時間加強核心，也會增加跑後伸展、睡前恢復的時間，但這些東西都是平時就常做的，切忌臨時抱佛腳，多做會多錯。訓練有素的跑者都很清楚，跑少跟跑多一樣難。

## 3. 熟悉裝備

　　賽前二週是最後一次做賽前演練的時機，最後一次 2 小時的長跑，所有打算用到的裝備：含衣、褲、襪、鞋、帽、錶、補給都要在彩排的時候全上。帶膠的方式有幾種：口袋很多的褲子、使用能量膠腰帶、或者用小別針別在衣服上，但無論是哪一種一定要先試過。舉例來說，當你身上帶了六個膠，跑起來的感覺絕對跟無事一身輕很不一樣（並不是叫你練習時就要吃完）。

　　比賽千萬不要穿新鞋上場，如果你要換新鞋，賽前兩週就拿出來穿。新鞋至少穿一次 Tempo ＋一次 Long Run，確保跑快以及跑遠都沒有問題，這樣就可以安心了。襪子也是容易忽略的細節，新襪不好，容易磨，舊襪不好，容易破。我一般賽前兩週開新襪，穿一兩次確定沒問題，洗乾淨收起來，準備比賽穿。

　　跑的時候記得觀察身上的裝備，什麼會影響跑姿、哪個其實很多餘不需要帶、哪邊跑完會紅腫（尤其男性容易燒襠）就

要擦點凡士林或防磨膏。

## 4. 補給策略

　　吃能量膠需要練習，一般最有效率的方式是單手拿膠，用牙齒咬住然後用嘴撕（因為跑步手很容易是濕的）。賽前的 Long Run 我會練習吃 3 ～ 4 個膠（其實很飽）同時也練習身體吸收能量膠的能力。

　　沒有練習吃膠的人常遇到兩種狀況：第一，口味不合吃不下；第二，引起腸胃反應想拉肚子。一定要花點功夫找到自己喜歡吃的口味以及能吸收的膠，個人偏好美國最大牌 GU，台灣很多人愛吃 SIS，沒有哪個比較好，請挑自己喜歡的。另外能量膠一般含有 30 ～ 40 mg 的咖啡因，如果對咖啡因反應敏感的，可以試試無咖啡因的膠，或者兩種輪流吃以防心悸。

　　全馬比賽的時候，通常我會吃到六個膠，分別在第 0、8、16、23、30、36 公里，官方建議是 30 ～ 45 分鐘吃一個，我通常在遠遠看到水站就開始吃，進入水站前剛好吃完，從容拿杯水漱口吞下，跟紙杯一起丟垃圾桶。

　　喝水能不能停？跑得不很快的（4 小時以上）完全可以，停下來好好拿杯水，邊走邊喝頂多 30 秒，進個十次也才 5 分鐘。至於一秒都不能多花的，練習怎麼抓水杯、捏尖杯嘴、小口側

頭喝、一氣呵成，進站出站有如 F1 賽車。

比賽當天的早餐也要計畫一下，我個人習慣買好麵包、香蕉、以及黑咖啡。這些東西準備起來容易，再不濟便利商店也有。重點還是一樣，比賽打算吃什麼，平時長跑前就要先練習吃。大家都很愛問我，膠、水、早餐吃什麼，多久前要吃？答案是每個人都不一樣，我只知道我的，你的要你自己試。

## 5. 提前預習賽道

人面對未知的挑戰，常常會過度放大而顯得無比困難，這就是為什麼比賽要跑出好成績通常會比練習難，但如果第二次再去比，就可以比得比較好。

知道賽道長什麼樣子，風景是怎樣、終點長什麼樣子，實際看到時不安程度就會降低，看看高度圖，如果是有坡的（例如紐約馬）練習的時候要摻雜一點坡、如果是一馬平川（如芝加哥）那就可以在平地練習，但是要預期會有風。

城市馬（紐約、芝加哥、東京）GPS 容易不準，要做好手動按錶的心理準備、使用配速手環。或者更簡單的方式：在手臂上寫下每 5K 的通過時間，這樣即使 GPS 在飄，透過看官方計時器，你也能大概知道目前的配速跟預期完成時間。

可以的話，賽前兩天挑一兩個點實際去踩點看看（但不要

跑），如果沒有時間，大比賽通常會有賽道預覽影片、或者找往年的賽事轉播，跟著畫面走一次。再不行，Google 街景總有吧？想像自己跑在裡頭的樣子，彷彿這地方你有來過，這個動作很小，就是在你腦中放個片段，騙你自己有來過。不敢說多有效，至少對我有幫助。

寫了這麼多，大體來說就是能掌握的越多、比賽的變數就越少。但即使做到這個程度，仍然不代表會如你所願，例如影片中每次都是大晴天，偏偏你遇到的就是刮風下雨，但這都不妨礙你已經熟悉的比賽裝備、賽道、補給策略。

當大家條件一樣，你的信心就是比別人高。在身旁的人還很慌在想「怎麼辦，我能不能完成？」的時候，你已經在腦中描繪過無數次：在哪裡會有爬坡、在中段可以加速、幾公里吃能量膠、直到最後……通過終點線的樣子。

馬拉松比賽 80% 是生理決定，但最後 20% 是心理定勝負。這 20% 的心理戰，從老早以前就開始了。為什麼有人賽前容易拉肚子、但有人大賽當前就是不會緊張？為什麼有人明明很累、撞牆了，但還可以堅持不要掉速得太離譜，順利跑完？因為當你把所有可能變數，都在腦中細細考慮過了，那比賽當天，不說笑，你真的就像是去跑一個 Long Run，差別只在今天觀眾

特別多（笑）。

　　賽前準備做足，目的不是在要比賽中發揮 120% 的實力，那是不可能的，跑步不存在奇蹟。但如果把所有障礙排除，就算不是 100%，能夠發揮個 99% 或者 98% 的實力，真的也就足夠了。

CHAPTER 6

# 你越自律，就能跑越遠

週末的約會
朋友慶生會上的蛋糕、
辛苦訓練後的冰涼可樂與啤酒，再加上跑步，
才組成了我人生的全部。

# 1

RUNNING TRAINING

## 先減重才能跑步？

江湖傳聞：「減重 1 公斤，馬拉松快 3 分鐘」是真的嗎？

很多人會問我說：「我這體重跑馬拉松是不是太重了？」，或者「菁英跑者動不動就 4、50 公斤，我這體重是不是不適合跑步？」然後就開始覺得必須要先減重，才能開始跑步。

體重下降的原因很簡單，就是消耗的熱量大於吸收的，消耗的包括基礎代謝以及日常活動產生，而吸收的熱量自然就是透過飲食。因此對一般沒有運動習慣、飲食也不控制的人而言，規律運動（消耗熱量、增肌並增加基礎代謝率）、加上理想的飲食觀念（營養充足、總熱量降低），你很快就可以得到不錯的減重效果。

至於很多人擔心體重過重不適合跑步，我建議可以先從快走開始。選擇舒適的鞋子以及彈性優良的路面（例如操場），先建立一週三次快走的運動習慣。等到習慣這個節奏，可以加入慢跑與快走 1:1 比例，例如慢跑 10 分鐘、快走 10 分鐘重複循環，最後才是達到單次慢跑 30 ～ 40 分鐘的目標。在這個漸

進的過程中，除了體重下降之外，也會伴隨著心肺能力、肌肉力量的增強。**所以你不需要等到減到一個合適的體重才開始跑步，而是在合理的限度下，進行合理強度的訓練，對於整體的體力提升會很有幫助的。**

　　減重跟跑步的關係，就是魚幫水、水幫魚。跑步可以幫助減重，而體重降低後，你也更輕盈、可以跑得更好。

### 菁英選手的體重

　　我們可以來看看現在世界頂尖的馬拉松跑者，男子選手 Eliud Kipchoge（世界紀錄保持人）：168 公分 56 公斤 BMI 19.9；大迫傑（日本馬拉松紀錄保持人）：170 公分 53 公斤 BMI 18.3；Galen Rupp（美國馬拉松奧運國手）：180 公分 61 公斤 BMI 18.7。女子選手：Mary Keitany（肯亞馬拉松菁英選手）：157 公分 42 公斤 BMI 17.0；安藤友香（日本馬拉松好手）：160 公分 42 公斤 BMI 16.4；Shalane Flanagan（美國馬拉松奧運國手）：165 公分 48 公斤 BMI 17.6。

　　單看數字來說，他們確實很瘦。這些選手是天生這麼瘦嗎？多半不是。相反的，他們是為了長跑效率而刻意保持這樣的體重，是為了保持競爭狀態所必須做的犧牲。我看過很多選手私下的心路歷程分享，為了保持這樣的體重，很多時候與其

說是「吃飽」，他們只能吃到「不餓」。而在大多數時候，他們吃的不是「想吃的」而是「必須吃的」，把握關鍵營養成分之外，還要儘可能的計算總熱量的攝取，以避免增加不必要的體重，這也是為什麼很多菁英選手都有專屬營養師把關他們的每一餐。所以對於多數菁英選手來說，「不是因為跑得快所以體重輕，而是體重輕本來就是跑得快的條件之一。」

## 你真的需要這麼瘦嗎？

這麼說好了，菁英選手有人把關營養，而跑出成績是他們唯一關注的事，有時甚至會為了成績犧牲健康，但你可以嗎？

對於多數主業不是跑步的我們，跑步充其量就只是興趣、是自我實現的方式。我明白跑出一個好成績對於很多市民很重要，但是除了跑步，我們還是一樣要上班、工作、過活。減重雖然能直接對運動表現帶來助益，但隨之而來的還有風險。例如很多女性跑者會因為過瘦導致受傷、經期不正常、骨質密度過低等影響，一味追求輕量可能反而有害。

另外，菁英選手之所以減重，某種程度上也代表他們的程度已經到達了個體的極限，所以他們必須用盡一切手段追求更好成績。然而對於多數的我們，根本就還沒練到頂。透過規律訓練、避免受傷，所帶來的好處跟成長，往往可以超越透過減

重本身產生的正面效益。

另外也要提醒一點，體重只是身體諸多數值中非常粗淺的一項，同時也要配合體脂、肌肉量、骨質密度等綜合評量，而不僅僅是看體重的絕對數字而已。

## 回到我自己的體重控制

我曾經是個非常愛吃、也非常能吃的人。因為運動量大，所以我總是仗勢著吃多也不會胖，每天都吃得飽飽的。長久下來體重都維持在 65 公斤左右。

自從投入長跑訓練後，我也開始針對飲食上做了一點控制。例如避免油膩、高油高糖的食物，並且吃大量蔬菜、膳食纖維含量高的澱粉，以及優良的蛋白質跟脂肪。

另外除了規律的跑步訓練之外，我也透過一些重量訓練來加強身體的肌肉量，降低體脂並增加基礎代謝率。目前我在訓練賽季的體重平均是 63.5 公斤左右，非賽季就會稍微重個 2 公斤、而到了比賽前一週可能又會再減個 1、2 公斤到 62 公斤。這個體重對我來說就是可以長久持續，並且不覺得辛苦維持的重量。

要提升運動表現，看重的是訓練、恢復、跟營養之間的

均衡調配。如果增加 1、2 公斤的體重可以訓練效率更好、恢復速率更高，那說實話我覺得完全沒有必要減重。另外，每個人的骨骼重、肌肉量都不同，最適體重也不見得一樣，例如我身邊與我同樣身高的人，也有體重介於 65 ～ 70 公斤的，馬拉松成績還比我好。我們沒有必要看著菁英選手那幾乎完美的身材，就覺得自己非得要減到 50 公斤、甚至 45 公斤不可。耐力訓練不是單純靠減重，而減重也不一定就會增加運動表現。有氧訓練、肌力訓練、飲食控制、如何照顧身體、避免受傷，要跑好一場馬拉松要考慮的事情真的很多。跑步，從來就不只是跑步而已。

# 2 賽季飲食指南

## 平時訓練飲食

　　如同我在體重篇提到的，平時我沒有特別節食或者選用特殊的飲食方法，就是會挑選天然、原型食材吃，尤其像我訓練量大，能量需求也高。我會補充優質蛋白質，像是雞肉、魚肉、蛋奶豆類，搭配大量蔬菜、適量水果，以及膳食纖維含量高的澱粉，少吃精緻澱粉類的食物。不過我也不是總是那麼嚴格，逼自己什麼零食都不要吃，偶一為之的「越線」還是可以的。最主要是沒必要把自己逼得太緊讓自己壓力太大，當你試著開始規律訓練後，可以去感受到身體需要什麼樣的食物和營養，也可以知道哪一類的食物對自己是好的，而哪一類的食物吃了會格外疲倦，如此選擇吃進去的東西就是了。

　　由於我是晨跑型的人，很多人都會好奇我早餐怎麼吃？先跑再吃還是先吃再跑？說實話這真的因人而異，也跟你跑的距離有關。如果是不長的距離，例如 10 公里之類的，我習慣是空腹跑，練習時間長的話（對我來說是 90 分鐘以上）會提前

吃些容易消化的碳水化合物，像是巧克力吐司、香蕉等。這些碳水可以快速的轉換成能量讓身體運用，也可以增加訓練的質量。建議不要吃難消化的蛋白質類的食物，因為消化時間長，往往在訓練的當下都還在胃裡翻滾。跑後就可以補充蛋白質跟適量的澱粉了，有助於修復肌肉。

另外針對賽前飲食來說，比較重要的是肝醣超補，這對於提升運動表現是有正面幫助的，同樣的，也可以在平時的長跑之前就開始練習肝醣超補。

## 什麼是肝醣超補？

肝醣超補法（Carbohydrate loading）是耐力運動常用的手段之一。在進行高強度耐力運動的時候，身體主要的能量來源方式來自於脂肪及肝醣。

儘管身體儲存的脂肪能量十分巨大，但轉換需要較長的時間。相反的，肝醣主要儲存在肌肉跟肝臟之中並可以快速提供能量的來源，缺點是相對於脂肪，肝醣的儲存量十分有限。當肝醣耗盡無法維持運動強度，身體出現不適的時候，就是俗稱的「撞牆」，此時身體只能仰賴脂肪做為能量，因而不得不降低運動強度、減速。透過賽前飲食習慣的調整，我們可以達到提升肝醣儲存量的效果，進而延後撞牆的發生時間。

### 什麼情況需要肝醣超補？

　　一般建議是耐力運動超過 90 分鐘才需要肝醣超補。對於一般人而言，如果只是跑個 10 公里，或是有 90 分鐘內完成半馬的能耐，那自身的肝醣儲存量都夠應付。

### 肝醣超補怎麼進行？

　　傳統的肝醣超補法採取前三天低醣（10%）、後三天高醣（90%）飲食方式來提升肝醣儲存量，不過這種方式對一般人而言很難。第一是特殊食物不易準備，第二是大幅度改變飲食習慣容易產生腸胃適應問題，所以只建議在有專業人士的輔助下使用。

　　現今較容易讓一般人接受的，屬於改進後的肝醣超補。方式則請見下表。

　　改進後的肝醣超補雖然不若傳統的補充量大，卻遠遠較安全，因此適合一般人在沒有專人監控下自行採用。

| 比賽前 7 天 | 逐漸減低訓練量 |
|---|---|
| 比賽前 5 天 | 進行 50 ～ 60% 高醣飲食,以複雜碳水化合物為主<br>(全麥、糙米、蔬果等高纖澱粉為主) |
| 比賽前 3 天 | 進行 70 ～ 80% 高醣飲食,以簡單碳水化合物為主<br>(白麵、白飯、饅頭等低纖澱粉為主) |
| 比賽當天 | 飲食以進食時間距離起跑時間而定。距離時間越久,<br>可以攝取比較多醣類。<br>距離比賽 4 小時　總共 200 克的醣類。<br>距離比賽 3 小時　總共 150 克的醣類。<br>距離比賽 2 小時　總共 100 克的醣類。<br>距離比賽 1 小時　總共 50 克的醣類。 |

## 參考菜單

　　每個人的喜好不同,可以依照自己的習慣去做飲食的調配。歐美的馬拉松比賽賽前一日很常有官方舉辦的義大利麵派對 (Pasta Dinner) 是跑者進行賽前交流並肝醣超補的機會,

　　但是對於以米食為主的台灣跑者而言卻不一定適合,我賽前還是偏好自己平時就常吃的食物。

　　以下是我參加 2017 年紐約馬拉松的賽前飲食菜單,提供大家一個肝醣超補的概念。另外因為這場比賽起床距離起跑時間特別長(高達 5 小時),所以我當天的早餐份量才會特別大。如果是起床 2 小時就會起跑的比賽,那就只需要吃一半的量就好了。

**賽前一日飲食**

　　早餐：司康夾蛋一份、香蕉麵包一份、咖啡加糖

　　午餐：麵包、蔬菜湯、清炒鮮蝦義大利麵

　　小點心：罐裝果汁、香蕉一根

　　晚餐：雞肉河粉、泰式冰茶

　　宵夜：罐裝甜八寶粥

　　→合計 3000 大卡，約有 2400 大卡來自醣類，佔 80%。

**比賽日早晨飲食**

　　賽前五小時：麵包、果汁

　　賽前三小時：貝果

　　賽前一個半小時：香蕉

　　→合計 850 大卡，約 720 大卡來自醣類佔 80%

**比賽中補給**

　　比賽當下的補給我都使用能量果膠（energy gel），也是最常見的方式。市售一包果膠為 100 大卡的熱量，建議每 30 ～ 40 分鐘吃一包。我這次紐約馬拉松總共吃了六包，分別是：起點（賽前 5 分鐘）、9 公里、18 公里、24 公里、30 公里、35 公里

### 肝醣超補常見錯誤

　　肝醣超補對運動表現有正面幫助，但使用時要避免以下錯誤。1. 肝醣超補必須配合降低運動強度採用，否則成效有限，所以賽前一週運動強度一定要降低。2. 很多人誤以為超補就是「額外吃」澱粉醣類，但更重要的是改變飲食比例，即碳水增加的同時，必須降低蛋白質跟脂肪，不然會額外攝取無用的熱量。舉例來說，你不該點一份正常的排骨飯、然後加一碗白飯當作肝醣超補；而是應該吃三四碗白飯、搭配適量的蔬果、並且少吃或不吃蛋肉魚豆類，進而達到改變飲食比例、維持總熱量的目標。3. 運動員對增重的恐懼也會造成無法充分使用肝醣超補。1 克的肝醣儲存需要近 3 克的水，所以如果要提高 500 克的肝醣儲存量，那一個禮拜內增重 2 公斤都是合理的。不要害怕暫時的體重增加而不進行肝醣超補，因為這些重量多半都是水，而在馬拉松比賽中很快就會被消耗掉的。

## 賽後飲食修復

　　比一場全馬比賽，對於一般市民跑者動輒三、四個小時，無論是精神與體力都是極大的消耗。除了單純的能量消耗外，肌肉、神經等組織也會產生一定的損傷，因此賽後的飲食補給十分重要，才能夠做好修復的過程。賽後的飲食，一般可以分

為兩種：比賽後數小時內的補給以及賽後幾天的飲食。

## 賽後數小時內的補給

賽後身體大量消耗肝醣、脂肪、蛋白質，因此會迫切的需要補充能量。一般認為劇烈運動後 30 分鐘至 1 小時要能夠即時補充能量是最好的。由於剛跑完比賽，腸胃也較一般脆弱。這時的飲食要點是以容易吸收、能夠快速補充的為主，因此像是電解質水、運動飲料、蛋白質能量飲、能量棒，或者完賽禮中常見的香蕉等，都是很符合容易咀嚼、快速吸收的食物。

## 賽後幾天的飲食補給

此時腸胃回復到正常的狀態，一般也解除了飲食的限制，不過仍要注意盡量以足夠的碳水、蛋白質、電解質、維生素、水分為主。

**水分：**跑者賽後很容易處於脫水狀態，身體會輕易流失體重約 2% 的水量。因此我建議跑者賽後準備一瓶手持水瓶、看到就喝、喝完就裝，直到排尿頻率及顏色都正常為止。

**醣類：**雖然賽後已經補給了一些醣類，但這和比賽期間的損失相比微不足道。此時的補充就不需要只以容易吸收的單醣為主，複雜醣類如番薯、雜糧麵包、糙米飯也是很好的來源。

**蛋白質**：蛋白質是組織修復與合成的重要物質，恢復中尤其要注意攝取。但是因為賽後腸胃比較疲勞，所以補充的蛋白質應該以容易消化的豆類、肉、蛋、魚類，並且避免高油膩、煎炸的肉品。

另外富含於蔬菜水果中的維生素及抗氧化物質，也能夠幫助跑者賽後修復、並且提高免疫力。

很多人會說「跑完馬拉松就像是大病了一場」，真的有它的道理。把自己當成病人照顧，多休息（全馬完兩週內不建議強度訓練）並且攝取營養豐富的食物，你才能夠好好恢復，更好地面對下一次的比賽。

# 3 市民跑者的 訓練與生活

跑步是一件看似容易，但實際上需要很多心力去維持的事。放眼望去，我們所熟知的跑者們幾乎各個都有堅毅的心智及規律的生活，能夠耐著著寂寞一日復一日執行著相似且枯燥的事。

我先前讀過一篇文章，是關於奧運選手體重控制的，內容很長，不過節錄下來重點就是兩點：第一，體重控制（或者體脂控制）是長期且有計畫性的降低，以月、甚至以年為單位都很正常，因此不要著急；第二，每個週期的體重及體脂也會有高低起伏，始終控制在極低熱量是不大可行的，比賽時健康的抵達最低點即可。這兩點又讓我想到，為什麼當說到「跑步是為了吃」，往往能獲得很多認同。

實情是，即使如奧運等級的選手，多多少少也會有一些除了正規飲食以外的偏好。例如我記得有個三鐵選手，賽前偏好吃藍莓瑪芬。又例如一位美國馬拉松選手喜歡在長跑訓練前晚吃點甜食，例如巧克力蛋糕。這些「不該出現在運動員餐盤上」

的食物，某種程度上，就是支持讓他們能夠繼續向前走、熬過一個個痛苦訓練的慰藉。以科學的角度來說，瑪芬跟蛋糕都很糟糕，高脂高糖，會造成血糖突然上升，對於能量儲存以及使用上沒什麼好處。不過，它帶來的心理滿足，就不是什麼「無糖雜糧麵包」可以相比的。

而以我自己來說，在訓練的前後期可能會差到 3 公斤、大概是體重的 5%。這是我允許自己能夠增加的範圍，可能來自：週末與太太的約會、朋友慶生會的蛋糕、公司尾牙派對、或者是辛苦訓練、一身臭汗後的冰涼可樂及啤酒。這些事情、再加上跑步，才組成了我人生的全部，因此我沒辦法說捨棄就捨棄；但同時，也不能夠毫無節制，而忘記自己是個跑者的本質。

賽事前的 4 ～ 6 週，隨著訓練量的上升、以及飲食的調節，多半就是上面那些東西拿掉，就能很自然的刪減掉那 5% 的體重，來到最佳的比賽狀態。但記住，這狀態維持不了太久，比完賽幾天就會恢復，而如果你逼迫自己撐著，那多半堅持不了太久，終究還是會以某種程度崩毀，例如受傷、大病一場，最後打回原狀。

這 5% 的高低差，是我對自己的嚴苛要求；可同時，也是為了人生的完整，所必須採取的縱容。

## 非賽季的訓練原則

市民跑者中很常見到一個情景（特別是在台灣），賽季來臨時拚命跑課表，短時間內吃下過度的的訓練量而不自覺；但比完賽之後就完全鬆懈，休息數個月，只有零星的輕鬆跑，甚至不跑，直到下一場比賽的來臨，才又開始急急忙忙訓練。這樣不僅會讓訓練的成效無法累積，還會因為短時間高強度的刺激容易受傷。因此身為一個跑者除了賽季的訓練外，非賽季的休息恢復、甚至是銜接訓練的過程也是很重要的。

### 累積里程的重要性不可少

有人認為非賽季的里程一定比較少，其實不一定正確。專項訓練的成功要素之一，就是要建造足夠穩固的地基。想像一下，如果你的休賽季完全沒有質量訓練、也沒有跑量，一旦進入馬拉松課表，那豈不是同時提高了質跟量，跑得更多而且更難了？兩者同時提高的結果，就是很多人會在進展期發展不好，或是受傷。

### 趁休賽期嘗試點些新東西

一旦進入正規課表，你的訓練就很固定了。你不太可能在日常課表的間歇、配速、長跑之外，突發奇想來個山坡衝刺跑、

或是 100 公尺間歇。這些東西或許有用，但是你最好在休賽季時先嘗試看看，才不會一個興起把自己弄傷。對我來說，我曾經在這個階段嘗試了山坡跑以及一日兩跑。前者是為了鍛鍊波士頓馬拉松帶有坡度的地形，而後者是為了增加累積里程及恢復能力。如果效果好，我就會保留到下一個階段繼續進行。

## 依舊要保有週期性

休賽季不是讓你亂跑用的。即使現在比較有彈性，可以嘗試一些平時沒時間嘗試的東西，但要記得你終究是在為「馬拉松」的專項訓練作準備。因此如果能夠貼近預期的課表一點，那對你是會有好處的。間歇、配速、長跑，都還是可以跑，但應該著重於努力程度，而不是絕對時間，同時頻率也可以較課表期低一些。簡單來說，就是著重於體感上努力程度，而不要太在乎真正跑出的秒數，只要感覺「有練到」就可以了。

## 不要過度企圖追求進步

休賽季、乃至於下一個階段的基礎期，再怎麼說都是打底。你可能會透過嘗試新東西，獲得無論是有氧耐力或者肌力的改善，但你不應該以這為目標。

**真正的進步會在進展期才會發生，在此時獲得的，就視為**

「額外的紅利」，有最好，沒有就算了。

很多人覺得比賽跑不好就是比賽的錯，進展期沒跑好就是進展期課表失敗，但不一定是這樣子。也許你在一開始地基根本沒打穩，只是兩個月之後才嘗到苦果。

題外話，我不知道有多少人看了 2018 年 NBA 勇士 vs. 騎士的聖誕大戰。勇士隊在最後關頭險勝，然而在隔日的「最後兩分鐘裁判報告」中，聯盟表示 Kevin Durant 在最後對 LeBron James 犯規了，應該要罰球。Draymond Green 對此發表的評論我覺得很有意思，他說：「這類的報告根本沒有意義。人們會以為你在最後 4 秒失誤而輸掉了比賽，但實情不是如此。或許你在第二節某個球處理好了，或是在第三節少一個失誤，那都跟最後 4 秒一樣重要，但人們不這麼認為。」

拿到馬拉松訓練來說，其實就是：沒有哪一個訓練比另一個重要，也沒有哪個週期比另一個重要。馬拉松訓練，得是穩定而持續，除了累積還是累積。

肝醣超補時期的我可以說是一名開心的飯桶。身為跑者，你可以吃，只要你知道為什麼而吃；對自己嚴苛的同時也不要忘記適時的縱容一下，完整的人生是均衡的。

# 4 關於受傷

受傷是一個沒有人願意遭受、卻又不得不談的話題。而跑者容易受傷的部位，膝蓋的比例最高、再來是腳踝、腳掌、腳趾，其他如大小腿、臀部、下背等的傷害也不罕見。一旦受傷，必須停止訓練、休息、治療、恢復、復健、重新建立肌力以及心肺能力。因此對於大多數的跑者，都彷彿是場惡夢。受傷的原因有很多，可能是多重且複雜的，對於新手的受傷原因，我會建議觀察以下三者，分別是姿勢、肌肉力量、還有課表。

## 注意跑步姿勢的重心

網路上有很多關於跑步姿勢的討論，有人主張跑步有最佳姿勢，從重心的前後、收腿的高度、到足部落地的位置都有如教科書般的精準要求。然而對我個人經驗而言，並不總是適用於每個人。

我大致上認同跑步姿勢上，有幾個錯誤是不能犯的：例如重心過度靠前（容易造成膝蓋壓力過大）、重心過度偏後（容

易造成跑步沒有效率並有煞車效應）、以及在足部落地時，膝關節完全沒有彎曲（膝蓋衝擊過大）等。然而其他的項目，例如足部落地位置是足跟、全足、還是前足等，目前的科學研究對於是否造成運動傷害則沒有定論。

因此我覺得如果你懷疑自己因為跑步姿勢出了問題，而有受傷的疑慮，我建議注意三點：1. 重心保持在足部落地位置的正上方。2. 足部落地時，膝蓋保持彎曲，並且不要過度跨步。3. 上身保持挺直、直視前方。基本上能做到這三點，就已經算是很不錯的跑步姿勢了。

## 肌力訓練與跑步相輔相成

跑者的肌力訓練在近期也有越來越受到重視的趨勢。跑步雖然是一個重複且單調的過程，但是每一個動作都包含了推蹬、抬腿、放下、支撐的動作，在這個過程中，所牽涉的肌肉與組織自然也很複雜。

很多跑者會受傷的原因，就是在肌力尚未建立以前，從事強度過大的練習。特別是很多上班族跑者以往沒有運動的習慣，肌力也因為久坐而流失，如果一開始跑步就從事速度快且量大的訓練，很容易就會受傷。跑者的肌力訓練，一般以核心、臀部、大腿、小腿、以及腳踝的力量及穩定度最為重要。

## 課表的合理性

現在網路上很多流傳「ＸＸ 週完成全馬」、「ＸＸ 週全馬破四」的課表,這類型的課表雖然名稱很吸引人,不過千萬要注意,必須有些先決條件,如:你是不是有達到跟課表的基本需求、舉凡跑量累積、肌力建立、跑齡夠不夠長等等。

一個 25 歲、剛開始跑步的年輕人,跟一位 50 歲、已經跑了 5 年的中年人,同樣目標是全馬 4 小時,難度肯定不同,而所需要的課表也不見得一樣。

因此每個人在受傷的徵兆出現以前,一定要好好看一下自己目前跑的課表是否合理、並且自己是不是有能力完成。

## 受傷後如何保持訓練?

很多人都會問我:「我某某地方受傷了,到底還能不能跑?」話先說在前頭,我並不是專業的醫師,通常這類型的問題,我還是建議尋求專業協助為主。回到我個人的經驗,如果我沒有尋求醫師協助,或者是輕微的傷痛偏好自己處理時,我一般是採取三個原則:

1. 如果跑步時患部會痛,那就堅決不跑。
2. 如果跑完後患部比原先更不舒服,那就要繼續休息。
3. 如果跑到一定長度(例如 50 分鐘或者 10 公里)患部就會明顯不舒服,那就縮短運動時間。

2017 年在訓練最高峰期，我傷了一次阿基里斯腱，整整花了三週的時間才復原。所以請一定要記得，寧願輕傷就下火線，也不要導致無法再跑的遺憾。

受傷的時候，除了原本的跑步要停止或減量以外，可以做一些交叉訓練來維持肌力和體力。

總而言之，會使傷情加重的行為要盡量避免，不要心存僥倖、覺得跑著跑著就不痛了。人在運動時會分泌抑制疼痛的腦內啡和腎上腺素，常常是等到跑完才發現比跑前更嚴重，往往得不償失。

受傷的時候，除了原本的跑步要完全停止或減量之外，有幾項交叉訓練是可以嘗試的。例如幫助保持心肺能力的有氧運動：橢圓機、飛輪、單車、游泳；另外加強肌力不足的重量訓練也是可以嘗試的。大方向就是患部的運動要盡量避免以免情況惡化，而可以用交叉訓練的方式做補強。如果有疑慮的話，也一定要找專業人士如醫師、物理治療師、跑步教練等協助。

## 你的核心價值是什麼

不過前面說了這麼多，受傷的時候，心態上一定要記得：把傷養好永遠是最重要的事。

我每次受傷，想的並不是哪個比賽來不及了，或者訓練中斷了怎麼辦，而是專注在復健、重新訓練、培養肌肉力量的過程。之後，也要想想受傷的成因，是否為訓練模式出了問題、總有哪個地方是軟肋，還是跑姿需要改。

專業的跑者即使受了小傷，還是能在有所控制的情況下持續訓練或交叉訓練，對我來說那需要較高的體能要求，且通常

也背負較大的風險。業餘跑者如在傷痛的初期積極治療，一般會比試圖「撐過去」來得理想。

傷好了之後重新評估體能狀態，還剩下幾週就練幾週課表。目標完賽時間始終是可以移動調整的，老話一句：**練到哪，就跑到哪。而不是想跑到哪，就怎麼練。**每度過一個成功的週期，就寫下總結試圖複製；失敗的週期更要回顧避免覆轍，同樣的坑不要掉進去第二次。

有句話說：「核心價值就是人家拿東西跟你交換，換到最後說什麼你都不願意換的，就是你的核心價值。」對我來說，跑步的核心價值就是「健康而充滿樂趣的跑個五年、十年，能再好一點，那就享受過程並且持續進步」。

波士頓馬拉松、百傑、破 PB 都是很重要的事。我承認有時也會被比賽或者成績誘惑綁架，有時也會因為不明智的訓練強度而受傷，而幸運的是，因為謹守著核心價值，多半都能全身而退。感到迷惘的時候，想想自己的核心價值是什麼，眼前的目標是不是如此珍貴，就算會拚上身體健康也要達成？每個人的價值觀也許相異，但你的答案，通常已經在你心中了。

## Jay 馬拉松全紀錄

| Date | Race | Time | PR | |
|------|------|------|-----|------|
| 2013 | Race | Time | | |
| 05/05/2013 | Pittsburgh Marathon | 4:49:46 | Y | 第一個全馬 |
| 10/20/2013 | Columbus Marathon | 4:09:39 | Y | |
| 2014 | | | | |
| 07/27/2014 | The San Francisco Marathon | 3:51:43 | Y | 第一次全馬破四 |
| 12/07/2014 | California International Marathon | 3:39:05 | Y | |
| 2015 | | | | |
| 01/11/2015 | Ibusuki Nanohana Marathon | 5:24:10 | | |
| 07/26/2015 | The San Francisco Marathon | 3:40:35 | | 配速員 |
| 08/23/2015 | Santa Rosa Marathon | 3:17:13 | Y | |
| 12/06/2015 | California International Marathon | 2:59:09 | Y | 破三 |
| 2016 | | | | |
| 04/30/2016 | Western Pacific Marathon | 3:14:32 | | 配速員 |
| 05/29/2016 | Mountain 2 Beach | 2:48:59 | Y | |
| 07/31/2016 | The San Francisco Marathon | 2:59:18 | | |
| 10/09/2016 | Chicago Marathon | 2:57:34 | | 首次六大馬 |
| 12/04/2016 | California International Marathon | 2:44:37 | Y | |
| 12/18/2016 | Taipei Marathon | 3:08:20 | | |
| 2017 | | | | |
| 04/17/2017 | Boston Marathon | 3:05:04 | | 首波馬 |
| 11/05/2017 | TCS New York City Marathon | 2:46:03 | | |
| 12/03/2017 | California International Marathon | 2:39:25 | Y | SUB 240 |
| 2018 | | | | |
| 04/16/2018 | Boston Marathon | 2:44:11 | | 第二次波馬 (SUB245) |
| 10/07/2018 | Chicago Marathon | 2:40:41 | | 首次挑戰百傑 |
| 12/02/2018 | California International Marathon | 2:59:19 | | 配速員 |
| 2019 | | | | |
| 03/03/2019 | Tokyo Marathon | 2:38:58 | Y | 再次挑戰百傑 |
| 04/15/2019 | Boston Marathon | 2:50:10 | | 第三次波馬 |
| 10/13/2019 | Chicago Marathon | 2:39:51 | | 第三次挑戰百傑 |

這一路走來真的很感謝我的太太——冠軍選手花花，陪我到了波士頓、紐約、芝加哥、東京，幾乎不曾缺席我的任何一場比賽，甚至現在身體力行，花了好幾年的時間慢慢培養運動習慣，直到現在自己也變成了很棒的馬拉松跑者，她是一個遠比我勵志的故事。

# GO!TECHS *water resistant*

# 防水噴霧

防水　抗汙　透氣　防霉

台灣噴霧領導品牌
百萬網紅部落客實測推薦

產品頁介紹

一心文化　science 004

## Jay的跑步筆記：
## 矽谷工程師激勵上萬人的科學化訓練與生活哲學

| | |
|---|---|
| 作者 | 許立杰 Jay |
| 編輯 | 吳珮旻 |
| 內頁設計 | 森白設計事務所 |
| 內頁排版 | 趙小芳（Polly530411@gmail.com） |
| 內頁攝影 | 弋力、王凱、何柏基、李雅惠、李旭、呂佳舫、苟良 |
| | 郭沛群、覃祖旭、蕭昱、eyeCatchLight |
| 封面設計 | 森白設計事務所 |
| 封面攝影 | 楊曉劍 |
| Logo 設計 | 李花花 |

| | |
|---|---|
| 出版 | 一心文化有限公司 |
| 電話 | 02-27657131 |
| 地址 | 11068 臺北市信義區永吉路 302 號 4 樓 |
| 郵件 | fangyu@soloheart.com.tw |
| 初版一刷 | 2019 年 11 月 |
| 初版四刷 | 2019 年 11 月 |

| | |
|---|---|
| 總 經 銷 | 大和書報圖書股份有限公司 |
| 電話 | 02-89902588 |
| 定價 | 420 元 |
| 印　　刷 | 呈靖彩藝股份有限公司 |

國家圖書館出版品預行編目（CIP）

Jay 的跑步筆記：矽谷工程師激勵上萬人的科學化訓練與生活哲學 /
許立杰著 . -- 初版 . -- 台北市：一心文化出版：大和發行 , 2019.11
　面；　公分 . -- (Science；4)

ISBN 978-986-95306-9-9( 平裝 )

1. 馬拉松賽跑　2. 運動訓練　3. 生活指導

528.9468　　　　　　　108016440